新一代 电力交易平台（省级）设计丛书

需求规格设计
技术支撑分册

北京电力交易中心有限公司　组编

中国电力出版社
CHINA ELECTRIC POWER PRESS

内 容 提 要

为加快全国统一电力市场体系建设，推动构建清洁低碳、安全充裕、经济高效、供需协同、灵活智能的新型电力系统，有效助力构建新型能源体系，进一步加快电力交易市场体系建设，北京电力交易中心有限公司组织各相关单位有关专家编写了《新一代电力交易平台（省级）设计丛书》。本丛书共 8 个分册，包括市场服务业务模型、市场出清业务模型、市场结算业务模型、技术支撑业务模型以及市场服务需求规格、市场出清需求规格、市场结算需求规格、技术支撑需求规格，对省内电力交易的业务流程、业务活动和业务信息等内容进行了深入浅出地讲解。

本分册为《新一代电力交易平台（省级）设计丛书 需求规格设计 技术支撑分册》，主要介绍概述、术语和定义、主要依据，以及系统管理和平台基础支撑的现状分析、业务描述、共享融合需求分析等内容。

本套丛书既可作为发电企业、售电公司、电力用户等市场主体从业人员系统学习省内电力市场全环节业务的专业书籍，也可作为咨询人员、工程技术人员和高等院校师生的参考用书。

图书在版编目（CIP）数据

需求规格设计. 技术支撑分册/北京电力交易中心有限公司组编. —北京：中国电力出版社，2024.4
（新一代电力交易平台（省级）设计丛书）
ISBN 978-7-5198-8173-3

Ⅰ.①需… Ⅱ.①北… Ⅲ.①电力市场－市场交易－管理信息系统－系统设计－中国 Ⅳ.①F426.615

中国国家版本馆 CIP 数据核字（2023）第 183520 号

出版发行：中国电力出版社
地　　址：北京市东城区北京站西街 19 号（邮政编码 100005）
网　　址：http://www.cepp.sgcc.com.cn
责任编辑：刘子婷（010-63412785）
责任校对：黄　蓓　李　楠
装帧设计：张俊霞
责任印制：石　雷

印　　刷：三河市百盛印装有限公司
版　　次：2024 年 4 月第一版
印　　次：2024 年 4 月北京第一次印刷
开　　本：787 毫米×1092 毫米　16 开本
印　　张：9.25
字　　数：175 千字
印　　数：0001—3500 册
定　　价：52.00 元

丛书编委会

主　任　史连军　谢　开

副主任　庞　博　常　青　曹瑛辉　李增彬　谢　文

成　员　李　竹　刘　硕　汤洪海　张　显　周　琳

　　　　王　琪　何显祥　徐　亮　刘永辉　王　立

本分册编写组

组　长　谢　文

成　员　刘永辉　陈庆祺　刘　虎　王　立　嵇士杰

　　　　宁　卜　李天野　何乐天　韩一涛　孙鸿雁

　　　　邵　平　吕文涛　王赢方　李丽丽　杨　宁

　　　　胡婉莉　白　宇　张　强　潘加佳　李海强

　　　　杨争林　王海宁　王　栋　张　捷　李　玉

　　　　郑建辉　余　涛　骆　希　刘　杰　祁　波

　　　　付晓杰　刘　俊　高春成　方　印　袁明珠

习近平总书记指出，能源保障和安全事关国计民生，是须臾不可忽视的"国之大者"。党的二十大报告提出，要积极稳妥推进碳达峰碳中和；深入推进能源革命，加快规划建设新型能源体系，加强能源产供销储体系建设。习近平总书记重要指示和党的二十大报告精神，为能源电力高质量发展提供了根本遵循。中央深改委审议通过《关于深化电力体制改革　加快构建新型电力系统的指导意见》，国家发展改革委、国家能源局陆续出台《关于加快建设全国统一电力市场体系的指导意见》《电力中长期交易基本规则》《电力现货基本规则（试行）》《电力市场信息披露基本规则》《关于建立煤电容量电价机制的通知》等政策文件，为多层次统一电力市场建设指明方向和目标，为各类交易品种建设和各类主体参与市场提供了支撑。

北京电力交易中心积极落实改革有关任务，积极推动电力市场体系建设，在全国统一电力市场建设、能源资源大范围优化配置、新能源消纳等方面取得了积极成效。经过各方多年共同努力，我国电力市场已形成了"统一市场、两级运作"的总体架构，空间上覆盖省间、省内，时间上覆盖中长期、现货，品种上覆盖电能量、辅助服务的全范围、全周期、全品种市场体系。省间中长期交易已实现连续运营，省内中长期连续运营稳步推进，现货市场建设全面加快。辅助服务市场体系不断完善，容量价格机制有效落地，绿电绿证交易取得新突破。目前，国家电网经营区市场化交易电量占比超过 75%，省间交易电量占比超过 20%，电力市场在资源优化配置中的作用充分彰显。

电力交易平台是电力市场体系架构和交易运营业务落地应用的重要技术载体。北京电力交易中心持续推动交易专业数智化转型，实现数字技术与交易业务深度融合，聚焦中长期与现货市场协同运营、基于可用输电能力（ATC）的多通道集中优化出清、高性能柔性结算、绿电绿证交易及消费核算、电商化"e-

交易"、全市场数据能力中心、电力市场全景仿真等重点领域，攻克了诸多关键技术难题，取得了一系列具有自主知识产权的科技创新成果。建成了覆盖省间和 27 个省市场，具备"业务运作实时化、市场出清精益化、交易规则配置化、市场结算高效化、基础服务共享化、数据模型标准化"特征的新一代电力交易平台，成为世界首套"云-台-链-智"融合的电力交易系统，建立了弹性调度、安全可靠的云架构技术支撑体系，构建了基于能力共享、运转灵活的电力交易业务中台系统架构，实现市场服务、市场出清、市场结算、市场合规、信息发布和系统管理等六大业务应用，设计了基于区块链的电力交易、溯源和认证技术，全面支撑了多层次统一电力市场高效协同运营。为促进新能源消纳和大范围优化配置、支撑新型电力系统建设、服务广大市场主体提供了坚强的技术保障。

随着新型电力系统建设不断推进，电力市场化改革逐步迈入"深水区""无人区"，电力市场建设面临供需形势变化拐点和新能源消纳与发展形势拐点。电力市场建设必须紧密结合电力系统电源构成、电网形态、负荷特性、技术基础、运行特性等方面发生的新变化，适应目标多元化、价值多维化、组织精细化、空间分层化、资源聚合化等新要求，更好服务和支撑新型电力系统建设运行需要。

在建设全国统一大市场，健全多层次统一电力市场体系的新征程上，需要进一步推动电力市场知识的普及、电力市场意识的培育、电力市场研究的深化、电力市场智慧的凝结。《新一代电力交易平台（省级）设计丛书》充分考虑了当前各省电力交易组织的实际情况，全面、系统地梳理了省内电力市场交易业务，是国内首套集中深入总结和提炼省内电力交易业务的专业技术丛书。丛书内容详实、结构清晰，对推动我国电力市场发展、促进电力交易业务创新具有重要的参考价值与现实意义。愿广大读者朋友学用结合、共同努力，充分发挥电力市场对能源清洁低碳转型的支撑作用，携手书写中国式现代化能源电力新篇章，为强国建设和民族复兴提供安全、经济、绿色的能源服务。

中国工程院院士
中国电机工程学会理事长
2024 年 3 月

　　根据国家电力体制改革有关要求,北京电力交易中心于2016年3月1日正式挂牌成立。作为国家级电力交易机构,北京电力交易中心在电力市场建设、电力交易运营、技术支持平台建设等方面开展了大量前瞻研究与具体实践,形成了一系列技术标准、管理标准和科研成果,主持建设的新一代电力交易平台已成为全球交易量最大的大型电力市场技术支撑系统。截至2023年底,国家电网有限公司经营区范围内,在电力交易平台注册的发电企业、售电公司、电力用户等经营主体共56.8万余家。新一代电力交易平台有力支撑了中长期、现货、辅助服务等全周期、多品种交易,有力统筹了省间与省内、中长期与现货、交易与运行、批发与零售业务,服务了新型电力系统建设,在"保供应、促转型、稳价格"方面发挥了重要作用。

　　新一代电力交易平台包括省间、省级两部分,分别承担跨省跨区、省内电力交易业务,省间平台于2020年7月正式运行,省级平台于2021年6月正式运行。为总结新一代电力交易平台建设成果,北京电力交易中心于2021年组织编写了《新一代电力交易平台（省间）设计丛书》,受到了业界好评。此次又组织编写了《新一代电力交易平台（省级）设计丛书》,包括市场服务业务模型、市场出清业务模型、市场结算业务模型、技术支撑业务模型以及市场服务需求规格、市场出清需求规格、市场结算需求规格、技术支撑需求规格共八个分册,对省内电力交易的业务流程、业务活动和业务信息等内容进行了深入浅出讲解。本套丛书既可作为发电企业、售电公司、电力用户等市场主体从业人员系统学习省内电力市场全环节业务的专业书籍,也可作为咨询人员、工程技术人员和高等院校师生的参考用书。

　　本分册是《新一代电力交易平台（省级）设计丛书　需求规格设计　技术支撑分册》。第1章介绍了技术支撑建设背景和目标。第2章规定了本分册所用术语和定义。第3章列出了技术支撑模块在建设中主要依据的国家及电力行业所颁布的相关管理规定。第4章针对系统管理的业务和信息系统建设进行了现状分析。第5章介绍了系统管理的业务目标、组织单元、业务流程、业务活动和业务信息。第6章介绍了系统管理的横纵向数据共享融合需求。第 7 章针对平台基础支撑的业务和信息系统建设进行了现状分析。第 8 章介绍了平台基础支撑的业务目标、组织单元、业务流程、业务活动和业务信息。第 9 章介绍了平台基础支撑的横纵向数据共享融合需求。

需要说明的是，本套丛书涉及大量的流程和岗位角色，编者为了方便读者理解，编制了组织单元图，努力为所有流程和岗位角色提供统一的命名。丛书中所列的组织单元图、业务流程图仅仅是一种示例，可能跟实际情况有差异，请读者朋友知晓。

本套丛书编写全过程，得到了首都、天津、河北、冀北、山西、山东、上海、江苏、浙江、安徽、福建、湖北、湖南、河南、江西、四川、重庆、辽宁、吉林、黑龙江、蒙东、陕西、甘肃、青海、宁夏、新疆、西藏电力交易中心，以及南瑞集团北京科东公司、中国电科院电自所、计量所、四川中电启明星公司、国网区块链科技公司等单位大力支持，在此一并深表谢意！本套丛书凝聚了电力市场专家团队、电力交易平台建设队伍近二十年的研究成果和实战经验，并以此为基础进行总结和提炼，希望能为读者带来帮助和启迪。

由于编者水平有限，书中难免存在不足和疏漏之处，恳请各位读者批评指正。

编　者

2024 年 3 月

目 录

系 统 管 理 篇

平台基础支撑篇

1 概　　述

为深入推进电力市场化改革，加快全国统一电力市场体系建设，加大电力市场技术支持系统建设力度。依据全国统一电力市场深化设计方案，按照"统一设计、安全可靠、配置灵活、智能高效"的原则，遵循"一平台、一系统、多场景、微应用"的信息化建设理念，遵从统一技术架构，在充分继承前期建设成果的基础上，按照"需求导向、统一设计、集中研发、云端部署、稳步实施"的整体思路，实现各专业数据高效交互和价值挖掘，建设新一代电力交易平台。为市场成员建设多种交互方式的统一入口，支撑省内市场交易运营，实现市场出清、市场结算、市场合规、市场服务、信息发布、系统管理六大应用，全面支撑电力交易全业务在线运行，实现"资源调配更灵活，数据利用更集中智能，服务集成更统一高效，应用开发更快速便捷"的目标。

本分册包括系统管理和平台基础支撑两部分。系统管理是指通过建设支撑电力交易管理的基础能力组件，实现对用户管理、用户权限、流程管理、系统监视、系统控制、系统配置、系统诊断分析、数据痕迹的支撑管理。平台基础支撑是指通过市场模型匹配工具、横向纵向以及外部数据交互、告警服务、文件服务、电子签章服务、数据的校验处理服务、通知服务、定时任务、工具集等功能，提高系统的整体性能，增强安全性和稳定性，优化数据管理流程，使电力交易平台更加高效、可靠，并适应市场变化。

2 术语和定义

本书涉及的术语和定义见表 2-1。

表 2-1   名 词 术 语 表

序号	名称	定 义
1	CPU 使用率	指运行的应用程序占用的 CPU 资源，用以表示硬件资源在某个时间点运行程序的情况，直观显示了运行程序占用的 CPU 资源
2	磁盘 I/O	磁盘读写性能的量化指标
3	电子签章	电子签章是电子签名的一种表现形式，利用图像处理技术将电子签名操作转化为与纸质文件盖章操作相同的可视效果，同时利用电子签名技术保障电子信息的真实性和完整性以及签名人的不可否认性
4	多因子认证	多因子认证是一种用于增强用户账号安全性的安全机制，要求同时使用两种及以上身份验证方式，例如密码、手机验证码、电子密钥、生物识别等
5	服务器	提供计算服务的设备，构成包括处理器、硬盘、内存、系统总线等，和通用的计算机架构类似，但是由于需要提供高可靠的服务，因此在处理能力、稳定性、可靠性、安全性、可扩展性、可管理性等方面要求较高
6	负载均衡	指通过负载均衡算法和策略将请求分摊到多个操作单元上进行执行，例如 Web 服务器、FTP 服务器、企业关键应用服务器和其他关键任务服务器等，从而共同完成工作任务
7	隔离装置	分为逻辑隔离和物理隔离，以实现对通信网络进行安全分区
8	哈希值	是把任意长度的输入通过散列算法变换成固定长度的输出，该输出就是散列哈希值
9	灰度发布	灰度发布是指一种软件部署策略，其目的是逐步将新版本的软件或应用程序引入生产环境，以降低潜在的风险和问题。在灰度发布中，新版本的软件首先在一个小的、有限的用户群体中进行部署和测试，而不是立即将其推向所有用户

续表

序号	名称	定　　义
10	ISC	统一权限管理平台（Identity Security Control，ISC）是一种权限管理工具，对信息系统进行配置，基于用户身份、业务角色、业务组织控制系统菜单的权限，实现资源项的管理
11	JDBC	java 数据库连接（Java Data Base Connectivity，JDBC）是一种用于执行 SQL 语句的 Java API，可以为多种关系数据库提供统一访问，它由一组用 Java 语言编写的类和接口组成。JDBC 提供了一种基准，据此可以构建更高级的工具和接口，使数据库开发人员能够编写数据库应用程序
12	计算资源	指提供计算服务的单个、一组或分布式服务器
13	敏感数据	敏感数据是指不当使用或超出权限的查看修改会损害企业利益或交易的开展或不利于个人隐私权的所有信息
14	内存占用率	内存占用率是指某单一进程所或进程集合占用的内存开销在内存总量的比重
15	内网用户	指在信息内网应用进行业务活动的系统用户
16	OCR	光学字符识别（Optical Character Recognition，OCR）是指电子设备检查纸上打印的字符，通过检测暗、亮的模式确定其形状，然后用字符识别方法将形状翻译成计算机文字的过程
17	Oracle	Oracle Database，又名 Oracle RDBMS，简称 Oracle。是甲骨文公司的一款关系数据库管理系统
18	OWASP	开放式网络应用程序安全项目（Open Web Application Security Project，OWASP）是一个致力于提升 Web 应用程序安全的全球性开放性组织。它致力于通过开发和推广安全性最佳实践、工具和资源，提高 Web 应用程序的安全性
19	QPS	每秒查询率（Queries-per-second，QPS），是对一个特定的查询服务器在规定时间内所处理流量多少的衡量标准；在因特网上，作为域名系统服务器的机器性能经常用每秒查询率来衡量
20	Redis	远程字典服务（Remote Dictionary Server，Redis），是一个开源的使用 ANSI C 语言编写、支持网络、可基于内存亦可持久化的日志型、Key-Value 数据库，并提供多种语言的 API
21	容器	容器（Container）是一种轻量级的虚拟化技术，用于将应用程序及其所有依赖项打包到一个独立的运行环境

续表

序号	名称	定　义
22	SNMP	简单网络管理协议（SNMP），由一组网络管理的标准组成，包含一个应用层协议（application layer protocol）、数据库模型（database schema）和一组资源对象。该协议能够支持网络管理系统，用以监测连接到网络上的设备是否有任何引起管理上关注的情况
23	市场成员	电力市场的参与者和利益攸关方，包括市场主体、市场运营机构和系统运行机构
24	市场主体	符合电力市场准入规则的企业，作为参与电力市场竞争及运行的竞价实体，包括发电企业、售电公司、电力用户等
25	数字证书	由证书授权中心签发的，在互联网上提供身份验证的一种数字凭证。 注：在电力交易的数据申报、结果确认等各个环节，验证对方证书的有效性，从而解决相互间的信任问题
26	Tomcat	Tomcat 服务器是一个免费的开放源代码的 Web 应用服务器，属于轻量级应用服务器，在中小型系统和并发访问用户不是很多的场合下被普遍使用，是开发和调试 JSP 程序的首选
27	WebLogic	WebLogic 是一个 application server（应用部署容器），确切地说是一个基于 JAVAEE 架构的中间件，WebLogic 是用于开发、集成、部署和管理大型分布式 Web 应用、网络应用和数据库应用的 Java 应用服务器。将 Java 的动态功能和 Java Enterprise 标准的安全性引入大型网络应用的开发、集成、部署和管理之中
28	外网用户	指仅在信息外网应用进行业务活动的系统用户
29	微服务	微服务是指一种架构风格，一个大型复杂软件应用由一个或多个微服务组成。系统中的各个微服务可被独立部署，各个微服务之间是松耦合的。每个微服务仅关注于完成一件任务并很好地完成该任务。在所有情况下，每个任务代表着一个小的业务能力
30	系统用户	系统用户（System user）是那些在通常意义上使用信息系统或者依赖信息系统实现其功能的操作主体
31	业务步骤	为实现流程业务活动和非流程业务功能而进行的业务操作
32	业务活动	为实现业务流程或其他非流程业务功能的业务步骤集合
33	业务流程	为实现一个特定的业务目标，对一组相关的活动或任务，按照特定顺序进行排列和描述

续表

序号	名称	定　　义
34	移动安全沙箱技术	移动安全沙箱技术（Mobile Security Sandbox Technology）是指一种在移动设备上实现应用程序隔离和安全性的技术。它通过创建一个受限的环境，将应用程序在其中运行，以防止恶意应用对设备和用户数据的威胁
35	云计算	云计算是一种基于互联网的服务模式，它允许用户通过网络访问和使用共享的计算资源和服务，如服务器、存储、数据库、应用程序和服务。这些资源通常是虚拟化的，并且在网络中分布，以便为用户提供灵活、按需的计算能力
36	中间件	中间件是一类连接软件组件和应用的计算机软件，它包括一组服务，以便于运行在一台或多台机器上的多个软件通过网络进行交互。中间件在操作系统、网络和数据库之上，应用软件的下层，总的作用是为处于自己上层的应用软件提供运行与开发的环境，帮助用户灵活、高效地开发和集成复杂的应用软件
37	自诊断	自诊断是控制系统的一种功能，它具有拟人"自诊断"功能，能够自动诊断和警示系统中的故障，维护系统的正常工作状态
38	组织机构	组织机构是指组织发展到一定程度，在其内部形成的结构严密、相对独立，并彼此传递或转换能量、物质和信息的系统。交易平台所指组织机构是指因市场业务发展而形成某一独立主体，可以是独立法人，也可以是法人分支机构，也可以是独立法人的集合体

3 主 要 依 据

本书在编写过程中遵循以下规定和办法的要求内容，具体实施过程中宜按最新标准执行。

《国家发展改革委　国家能源局关于印发〈电力现货市场基本规则（试行）〉的通知》（发改能源规〔2023〕1217号）

《国家发展改革委　办公厅　国家能源局综合司关于〈2023年可再生能源电力消纳责任权重及有关事项〉的通知》（发改办能源〔2023〕569号）

《国家发展改革委　办公厅关于〈进一步做好电网企业代理购电工作〉的通知》（发改办价格〔2022〕1047号）

《国家发展改革委　国家能源局关于〈加快建设全国统一电力市场体系〉的指导意见》（发改体改〔2022〕118号）

《国家发展改革委　国家能源局关于印发〈售电公司管理办法〉的通知》（发改体改规〔2021〕1595号）

《国家发展改革委　国家能源局关于〈国家电网有限公司省间电力现货交易规则〉的复函》（发改办体改〔2021〕837号）

《国家发展改革委　国家能源局关于〈建立健全可再生能源电力消纳保障机制〉的通知》（发改能源〔2019〕807号）

《中共中央　国务院关于〈进一步深化电力体制改革〉的若干意见》（中发〔2015〕9号）

《国家发展改革委　国家能源局关于印发〈电力体制改革配套文件〉的通知》（发改经体〔2015〕2752号）

《信息安全技术　网络安全等级保护安全设计技术要求》（GB/T 25070—2019）

《信息安全技术　网络安全等级保护基本要求》（GB/T 22239—2019）

系 统 管 理 篇

4 现 状 分 析

4.1 业 务 现 状 分 析

系统管理是电力交易平台的系统基础管理服务功能，提供构建电力交易业务运行维护的系统配置及管理技术支撑。当前系统具备用户、流程的基本管理能力，可以对系统的组织、用户、权限进行管理、配置，也可以配置简单流程，实现对交易业务的流程支持。系统管理提供了系统公共编码的配置能力，实现了全系统各业务编码的统一以及在线动态配置。但是当前系统的用户管理、流程管理业务能力较弱，无法满足对业务的支撑能力，同时系统配置能力不够全面，欠缺系统监视、控制能力等问题。需重新聚合系统管理的能力，提升对系统管理的控制水平，实现对资源、权限、业务、信息、数据的统一管理，使电力交易平台具备高可用、高可配置和高可感知能力，保障系统在可控、能控、在控的状态下运行。

4.2 信 息 系 统 现 状 分 析

全国统一电力市场的建设方案于2013年开始推进，在原有支撑发电侧单边市场交易运作的功能基础上，按照"统一市场、两级部署"的思路，构建支撑全国统一电力市场运作的公开透明、规范高效的双边交易系统，全面支撑电力用户与发电企业直接交易。在系统管理相关系统功能的建设中，缺少统一规划和设计，导致对系统的运行状态无法全面感知，用户管理无法对市场主体提供便利的统一管理。需在系统管理方面进一步提升其可配置性、高控制性，以及便捷的使用体验。

5 业务描述

5.1 业务目标

系统管理是新一代电力交易平台的基础管理服务功能，是构建电力交易业务运行维护的系统能力所在和管理技术支撑，目标是实现新一代电力交易平台对资源、权限、业务、信息、数据的统一管理，使电力交易平台具备高可用、高可配置和高可感知能力，保障系统在可控、能控、在控的状态下运行。

为了更高效达成以上目标，新一代电力交易平台新增了系统管理子系统，实现用户管理、用户权限、流程管理、日志管理、系统配置、系统监视、系统诊断分析等应用。

5.2 组织单元

组织单元包括省级电力交易中心以及所属的技术部门，本册涉及岗位主要为电力交易平台业务岗位，岗位定义如表 5-1 所示。

表 5-1　　　　　　　　　　　　岗 位 定 义

编号	岗位	所属组织单元	职责
G2002	电力交易平台业务岗位	省级电力交易中心技术部门	负责交易平台网络和信息安全管理，负责交易平台应用管理及数据管理

5.3 业务流程

5.3.1 流程清单

系统管理流程包括用户注册业务流程、组织管理业务流程、证书管理业务流程、主账号管理业务流程、流程设计业务流程、系统参数配置业务流程和市场运营监控业务流程，流程清单如表 5-2 所示。

表 5-2　　　　　　　　　　　　流　程　清　单

流程编号	业务流程名称	父级流程编号	业务职能名称
BP-BD-XTGL-0101	用户注册业务流程	—	用户注册
BP-BD-XTGL-0102	组织管理业务流程	—	组织管理
BP-BD-XTGL-0103	证书管理业务流程	—	证书管理
BP-BD-XTGL-0104	主账号管理业务流程	—	主账号管理
BP-BD-XTGL-0105	流程设计业务流程	—	流程设计
BP-BD-XTGL-0106	系统参数配置业务流程	—	系统参数配置
BP-BD-XTGL-0107	市场运营监控业务流程	—	市场运营监控

5.3.2　业务流程图

5.3.2.1　用户注册业务流程

用户注册，交易平台用户可通过交易平台自主提交注册申请，须经多因子认证登录交易平台。用户注册业务流程如图 5-1 所示。

5.3.2.2　组织管理业务流程

组织管理，实现交易平台对系统的组织机构建立、修改、查询等功能。组织管理业务流程如图 5-2 所示。

5.3.2.3　证书管理业务流程

证书管理，用于交易平台对数字安全证书进行办理、绑定等操作，证书办理可分为证书申请、证书审核、证书办理 3 部分。证书管理业务流程如图 5-3 所示。

5.3.2.4　主账号管理业务流程

主账号管理，用于交易平台子账号创建、权限分配、管理（包括启用、禁用和删除）等功能。此外，主账号在必要时还可以进行组织管理，将用户和子账号分配到不同的组织中以便更好地组织和管理人员。主账号管理业务流程如图 5-4 所示。

5.3.2.5　流程设计业务流程

流程设计，提供了一个业务流程可视化设计建模工具。它提供各种图元的选择和拖放，绘制图元间连接线，快速生成图元。流程设计可分为流程创建、流程审批、流程投运 3 部分。流程设计业务流程如图 5-5 所示。

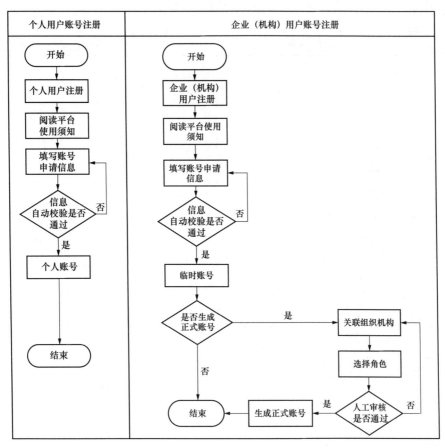

图 5-1 用户注册业务流程

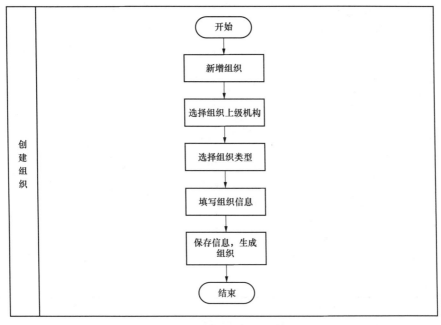

图 5-2 组织管理业务流程

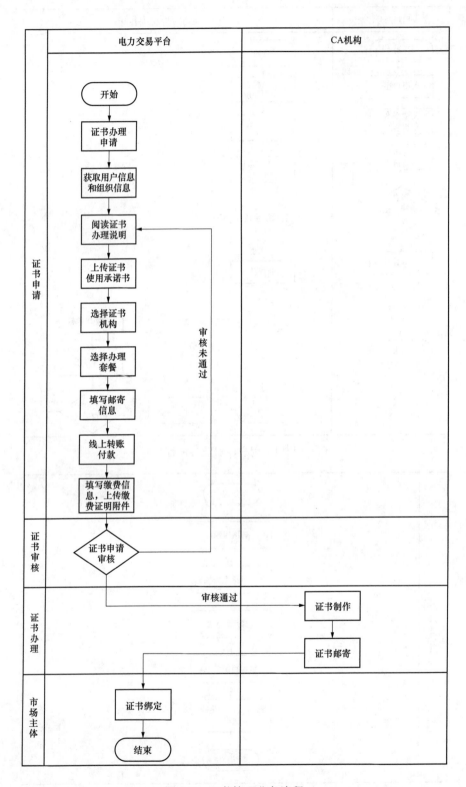

图 5-3　证书管理业务流程

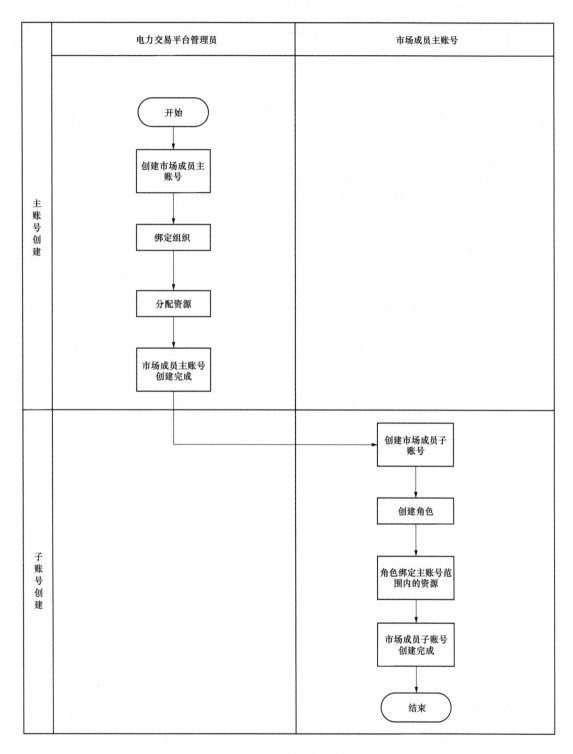

图 5-4　主账号管理业务流程

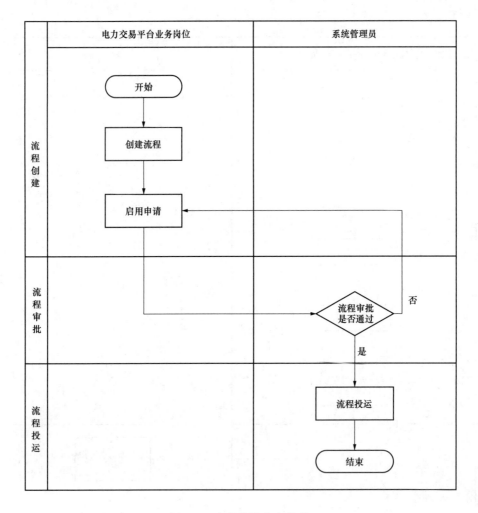

图 5-5　流程设计业务流程

5.3.2.6　系统参数配置业务流程

系统参数配置，可以对系统内的统一编码（实际值与显示值的对应关系）、系统参数维护（版本号和所属机构等）、日志记录窗口长度配置等系统参数进行配置，系统参数配置可分为权限认证、参数配置、配置完成 3 部分。系统参数配置业务流程如图 5-6 所示。

5.3.2.7　市场运营监控业务流程

市场运营监控中心可以对市场出清、市场服务、市场结算、信息发布 4 个业务模块进行监控、分析和管理，可分为中长期交易业务监测、省内现货业务监测、市场注册分析、发电装机分析、市场效益分析、在途业务监测管理、结算业务监测、信息披露监测。

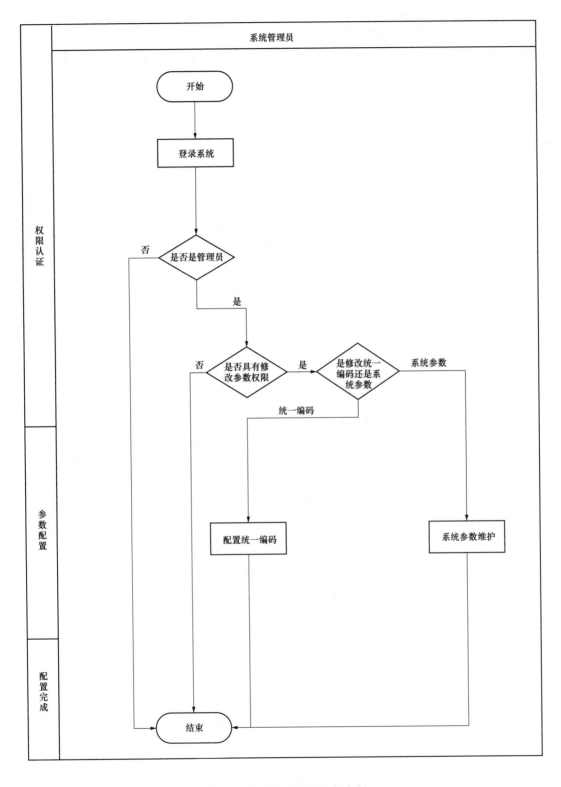

图 5-6　系统参数配置业务流程

中长期交易业务监测流程如图 5-7 所示。

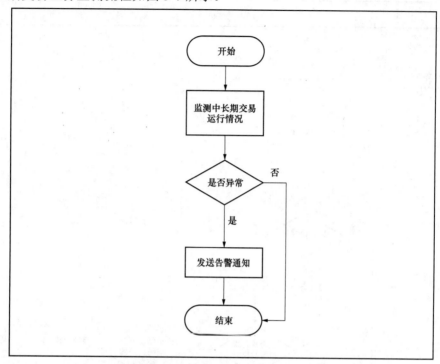

图 5-7　中长期交易业务监测流程

省内现货业务监测流程如图 5-8 所示。

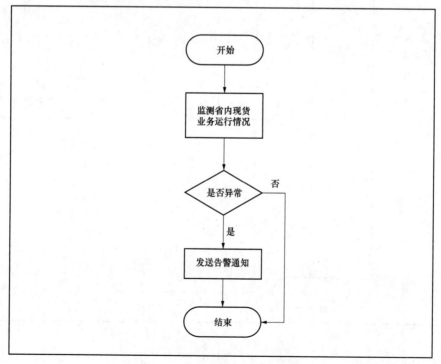

图 5-8　省内现货业务监测流程

市场注册分析流程如图 5-9 所示。

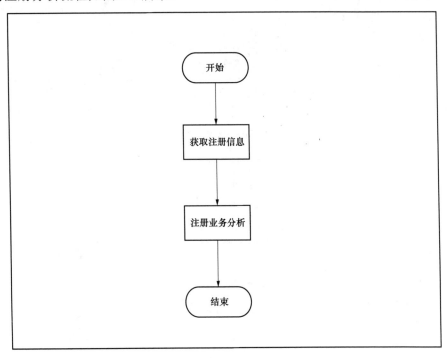

图 5-9　市场注册分析流程

发电装机分析流程如图 5-10 所示。

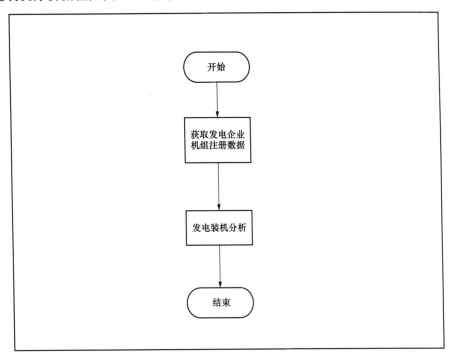

图 5-10　发电装机分析流程

市场效益分析流程如图 5-11 所示。

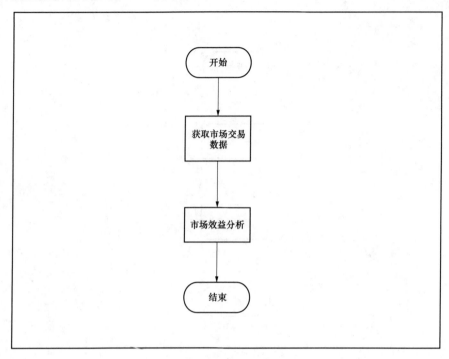

图 5-11　市场效益分析流程

在途业务监测管理流程如图 5-12 所示。

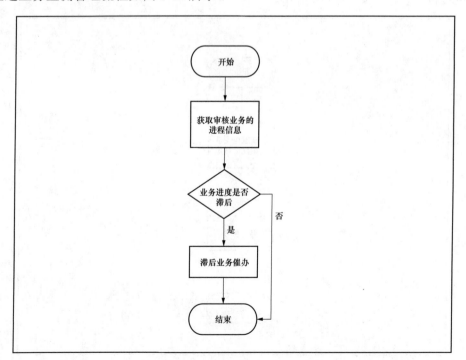

图 5-12　在途业务监测管理流程

结算业务监测流程如图 5-13 所示。

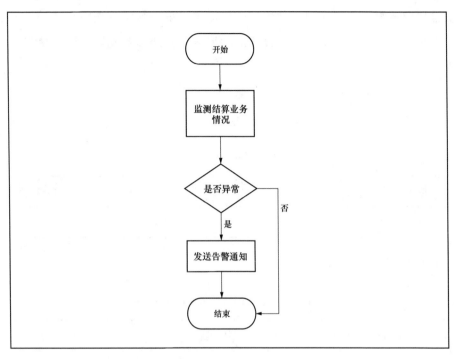

图 5-13　结算业务监测流程

信息披露监测流程如图 5-14 所示。

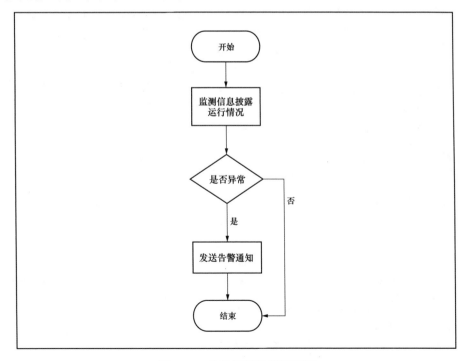

图 5-14　信息披露监测流程图

5.3.3　业务流程分项说明

系统管理业务流程分项说明包含用户注册活动清单、组织管理活动清单、证书管理活动清单、主账号管理活动清单、流程设计活动清单，系统参数配置活动清单和市场运营监控活动清单。

5.3.3.1　用户注册活动清单

用户注册活动清单包含用户注册，活动清单见表 5-3。

表 5-3　　　　　　　　　　　　　　用户注册活动清单

活动编号	业务活动名称
BS-BP-BD-XTGL-0101-0001	用户注册

用户注册活动详情见表 5-4。

表 5-4　　　　　　　　　　BS-BP-BD-XTGL-0101-0001 用户注册

活动编号	BS-BP-BD-XTGL-0101-0001	活动名称	用户注册
使用组织单元	市场成员	使用岗位编号	—
活动描述	首先阅读平台使用须知，填写账号申请信息，通过系统校验后，生成临时账号，如不通过，需重新填写账号信息，之后关联组织机构，选择角色，通过审批后生成正式账号，如审批未通过，需重新关联组织机构，再次进行审批，审批通过后，注册用户流程结束		
输入业务信息编号	—		
输出业务信息编号	BI- BD-XTGL-0101		
业务步骤/业务规则	用于注册电力交易平台账号、关联组织机构、选择角色		
非功能要求	性能要求满足 100 并发操作小于或等于 3s 内完成		

5.3.3.2　组织管理活动清单

组织管理活动清单包含组织管理，活动清单见表 5-5。

表 5-5　　　　　　　　　　　　　　组织管理活动清单

活动编号	业务活动名称
BS-BP-BD-XTGL-0102-0001	组织管理

组织管理活动详情见表 5-6。

表 5-6   **BS-BP-BD-XTGL-0102-0001 组织管理**

活动编号	BS-BP-BD-XTGL-0102-0001	活动名称	组织管理
使用组织单元	交易中心	使用岗位编号	G2002
活动描述	首先新增组织，选择组织上级机构，然后选择组织类型，最后填写组织信息，保存，完成组织的创建，流程结束		
输入业务信息编号	—		
输出业务信息编号	BI- BD-XTGL-0104		
业务步骤/业务规则	组织管理是指对系统的组织进行建立、修改、查询等操作。具备组织机构建立、组织机构修改、组织机构删除的功能		
非功能要求	性能要求满足 100 并发操作小于或等于 3s 内完成		

5.3.3.3 证书管理活动清单

证书管理活动清单包含证书管理，活动清单见表 5-7。

表 5-7   **证书管理活动清单**

活动编号	业务活动名称
BS-BP-BD-XTGL-0101-0003	证书管理

证书管理活动详情见表 5-8。

表 5-8   **BS-BP-BD-XTGL-0101-0003 证书管理**

活动编号	BS-BP-BD-XTGL-0101-0003	活动名称	证书管理
使用组织单元	交易中心	使用岗位编号	G2002
活动描述	证书管理分为证书申请、证书审核、证书办理、证书绑定 4 部分。首先新一代电力交易平台用户提交证书办理申请，系统获取用户信息和组织信息，用户阅读证书办理说明，确定要申请的证书后，上传证书使用承诺书，选择证书机构，选择办理套餐，并填写邮寄信息，线下转账付款，填写缴费信息和上传缴费证明附件；然后进行证书申请审核，审核通过后，由厂家制作并邮寄证书。如审核未通过，需再次阅读办理说明，并再次申请。证书办理完成后，在电力交易平台进行证书绑定，绑定完成后，证书管理流程结束		
输入业务信息编号	—		
输出业务信息编号	BI- BD-XTGL-0103		

业务步骤/业务规则	对交易平台数字安全证书进行办理、绑定等操作。具备证书办理、证书绑定、证书密码修改、证书续费延期功能
非功能要求	性能要求满足 100 并发操作小于或等于 3s 内完成

5.3.3.4 主账号管理活动清单

主账号管理活动清单包含主账号管理，活动清单见表 5-9。

表 5-9 主账号管理活动清单

活动编号	业务活动名称
BS-BP-BD-XTGL-0102-0005	主账号管理

主账号管理活动详情见表 5-10。

表 5-10 BS-BP-BD-XTGL-0102-0005 主账号管理

活动编号	BS-BP-BD-XTGL-0102-0005	活动名称	主账号管理
使用组织单元	交易中心	使用岗位编号	G2002
活动描述	市场成员主账号管理分为主账号创建和子账号创建两部分。首先由电力交易平台管理员创建市场成员主账号，之后开展绑定组织、分配资源等操作，即完成主账号创建。然后市场成员主账号可以创建该市场成员的子账号，创建角色并绑定，角色分配资源只能在主账号的资源范围内		
输入业务信息编号	—		
输出业务信息编号	BI- BD-XTGL-0101		
业务步骤/业务规则	主账号可以创建子账号并为其分配权限，同时也能管理已创建的子账号（包括启用、禁用和删除）。此外，主账号在必要时还可以进行组织管理		
非功能要求	性能要求满足 100 并发操作小于或等于 3s 内完成		

5.3.3.5 流程设计活动清单

流程设计活动清单包含流程设计，活动清单见表 5-11。

表 5-11 流程设计活动清单

活动编号	业务活动名称
BS-BP-BD-XTGL-0103-0001	流程设计

流程设计活动详情见表 5-12。

表 5-12 　　　　　　　　　　　**BS-BP-BD-XTGL-0103-0001 流程设计**

活动编号	BS-BP-BD-XTGL-0103-0001	活动名称	流程设计
使用组织单元	交易中心	使用岗位编号	G2002
活动描述	流程设计包含流程创建、流程审批、流程投运 3 部分。首先由新一代电力交易平台专责创建流程，然后启用申请，之后由系统管理员进行流程审批，审批通过后进行流程投运，然后结束流程。如审批未通过，需再次启动申请		
输入业务信息编号	—		
输出业务信息编号	BI- BD-XTGL-0110		
业务步骤/业务规则	为业务流程提供一个工具，流程必须实现两级平台穿透流转、内外网、系统间贯通运作，所有流程可依据业务需求采用定制化配置		
非功能要求	—		

5.3.3.6　系统参数配置活动清单

系统参数配置活动清单包含系统参数配置，活动清单见表 5-13。

表 5-13 　　　　　　　　　　　**系统参数配置活动清单**

活动编号	业务活动名称
BS-BP-BD-XTGL-0105-0001	系统参数配置

系统参数配置活动详情见表 5-14。

表 5-14 　　　　　　　　　　　**BS-BP-BD-XTGL-0105-0001 系统参数配置**

活动编号	BS-BP-BD-XTGL-0105-0001	活动名称	系统参数配置
使用组织单元	交易中心	使用岗位编号	G2002
活动描述	系统参数配置包含权限认证和参数配置两部分。首先登录系统，判断是否为管理员，如果不是管理员则结束流程；如果是管理员则具有配置统一编码、系统参数维护权限，修改完成后结束流程		
输入业务信息编号	—		
输出业务信息编号	BI- BD-XTGL-0116		
业务步骤/业务规则	对系统内的统一编码（实际值与显示值的对应关系）		
非功能要求	—		

5.3.3.7　市场运营监控活动清单

市场运营监控活动清单包含中长期交易业务监测、省内现货业务监测、市场注册分析、发电装机分析、市场效益分析、在途业务监测管理、结算业务监测、信息披露监测，活动清单见表 5-15。

表 5-15　　　　　　　　　　　　　市场运营监控活动清单

活动编号	业务活动名称
BS-BP-BD-XTGL-0109-0001-0001	中长期交易业务监测
BS-BP-BD-XTGL-0109-0001-0002	省内现货业务监测
BS-BP-BD-XTGL-0109-0002-0001	市场注册分析
BS-BP-BD-XTGL-0109-0002-0002	发电装机分析
BS-BP-BD-XTGL-0109-0002-0003	市场效益分析
BS-BP-BD-XTGL-0109-0002-0004	在途业务监测管理
BS-BP-BD-XTGL-0109-0003-0001	结算业务监测
BS-BP-BD-XTGL-0109-0004-0001	信息披露监测

中长期交易业务监测活动详情见表 5-16。

表 5-16　　　　　　　BS-BP-BD-XTGL-0109-0001-0001 中长期交易业务监测

活动编号	BS-BP-BD-XTGL-0109-0001-0001	活动名称	中长期交易业务监测
使用组织单元	交易中心	使用岗位编号	G2002
活动描述	首先获取监测中长期交易的交易基本信息、交易结果信息和合同信息，然后对交易信息和合同信息进行监测，监测到异常信息，标示异常信息并发送告警		
输入业务信息编号	—		
输出业务信息编号	—		
业务步骤/业务规则	对市场出清中长期交易业务进行监控		
非功能要求	—		

省内现货业务监测活动详情见表 5-17。

市场注册分析活动详情见表 5-18。

发电装机分析活动详情见表 5-19。

表 5-17　　　　　　　BS-BP-BD-XTGL-0109-0001-0002 省内现货业务监测

活动编号	BS-BP-BD-XTGL-0109-0001-0002	活动名称	省内现货业务监测
使用组织单元	交易中心	使用岗位编号	G2002
活动描述	首先获取省内现货交易的出清结果信息，然后按市场主体成交电量及成交电价进行监测，监测到异常信息，标示异常信息并发送告警		
输入业务信息编号	—		
输出业务信息编号	—		
业务步骤/业务规则	对市场出清现货业务进行监控		
非功能要求	—		

表 5-18　　　　　　　BS-BP-BD-XTGL-0109-0002-0001 市场注册分析

活动编号	BS-BP-BD-XTGL-0109-0002-0001	活动名称	市场注册分析
使用组织单元	交易中心	使用岗位编号	G2002
活动描述	基于主体类型、售电公司资产总额区间、电力用户行业类别、发电企业发电类型等维度，开展市场注册情况的多维分析		
输入业务信息编号	—		
输出业务信息编号	—		
业务步骤/业务规则	对市场服务的市场注册业务进行分析		
非功能要求	—		

表 5-19　　　　　　　BS-BP-BD-XTGL-0109-0002-0002 发电装机分析

活动编号	BS-BP-BD-XTGL-0109-0002-0002	活动名称	发电装机分析
使用组织单元	交易中心	使用岗位编号	G2002
活动描述	基于能源类型、省份、主要发电集团等维度，开展市场注册装机情况的多维分析，重点支撑对发电侧发电能力的预判分析		
输入业务信息编号	—		
输出业务信息编号	—		
业务步骤/业务规则	对市场服务的发电装机业务进行分析		
非功能要求	—		

市场效益分析活动详情见表 5-20。

表 5-20　　　　　　　　BS-BP-BD-XTGL-0109-0002-0003 市场效益分析

活动编号	BS-BP-BD-XTGL-0109-0002-0003	活动名称	市场效益分析
使用组织单元	交易中心	使用岗位编号	G2002
活动描述	基于清洁能源消纳情况、新能源消纳情况、节能减排效益、可再生能源电力消纳责任权重测算等维度，开展市场效益情况的多维分析，重点对电力市场化交易带来的社会效益和经济效益进行分析		
输入业务信息编号	—		
输出业务信息编号	—		
业务步骤/业务规则	从市场效益方面分析市场服务业务		
非功能要求	—		

在途业务监测管理活动详情见表 5-21。

表 5-21　　　　　　　　BS-BP-BD-XTGL-0109-0002-0004 在途业务监测管理

活动编号	BS-BP-BD-XTGL-0109-0002-0004	活动名称	在途业务监测管理
使用组织单元	交易中心	使用岗位编号	G2002
活动描述	按照主体注册、信息变更、主体注销、业务范围变更、零售绑定维度查看省内各类业务的增长情况及各个审核业务的进程信息，包括最新业务状态、处理时长等，针对进度较慢的在途业务可进行催办处理		
输入业务信息编号	—		
输出业务信息编号	—		
业务步骤/业务规则	对市场服务在途业务进行监测管理		
非功能要求	—		

结算业务监测活动详情见表 5-22。

信息披露监测活动详情见表 5-23。

表 5-22 　　　　　　　　**BS-BP-BD-XTGL-0109-0003-0001 结算业务监测**

活动编号	BS-BP-BD-XTGL-0109-0003-0001	活动名称	结算业务监测
使用组织单元	交易中心	使用岗位编号	G2002
活动描述	对本省电力交易平台月度结算业务开展进度、结算数据上传总部平台开展进度、本省电力交易中心参与总部结算开展进度等业务进行监测，监测到异常信息，标示异常信息并发送告警		
输入业务信息编号	—		
输出业务信息编号	—		
业务步骤/业务规则	对结算业务监控		
非功能要求	—		

表 5-23 　　　　　　　　**BS-BP-BD-XTGL-0109-0004-0001 信息披露监测**

活动编号	BS-BP-BD-XTGL-0109-0004-0001	活动名称	信息披露监测
使用组织单元	交易中心	使用岗位编号	G2002
活动描述	对省内年度、季度、月度、周、日信息的披露状态进行监测，监测到异常信息，标示异常信息并发送告警		
输入业务信息编号	—		
输出业务信息编号	—		
业务步骤/业务规则	对信息发布的信息披露业务模块进行监控		
非功能要求	—		

5.4　业　务　活　动

5.4.1　系统管理业务活动清单

系统管理业务活动层级如图 5-15 所示。

系统管理业务活动清单包含用户管理、权限管理、流程管理、日志管理、系统配置、系统监视、系统诊断分析、消息管理、市场运营监控中心 9 个业务活动。各活动内容详情见表 5-24。

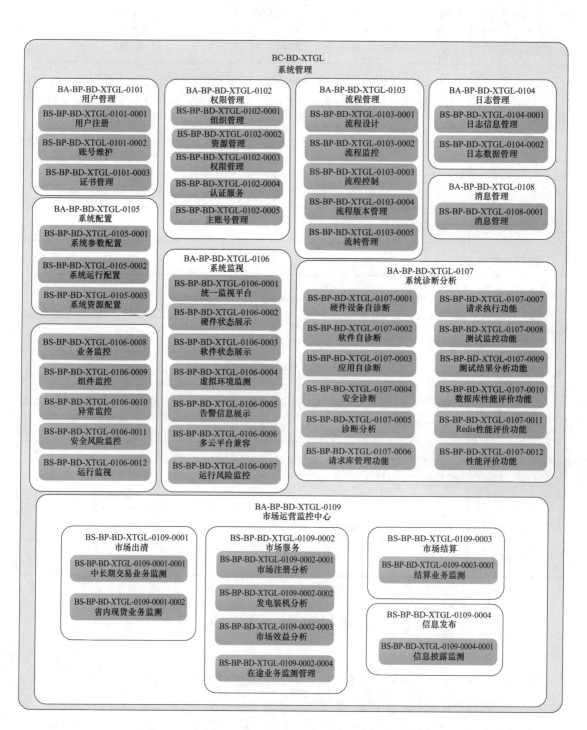

图 5-15　系统管理业务活动层级

表 5-24 系统管理业务活动清单

业务活动编号	业务活动名称	使用岗位编号	依赖业务活动编号	业务活动内容描述	前置条件
BA-BP-BD-XTGL-0101	用户管理	G2002	—	用户管理是对交易平台所有用户进行账号注册、修改、注销等一系列全生命周期管理。个人用户账号注册与企业用户账号注册相互独立，个人用户账号采用实名制注册，而企业用户账号注册以工商营业执照（统一社会信用代码）为依据注册。 交易平台的用户包括企业（机构）用户和个人用户，其中企业（机构）用户包括市场成员用户（包括发电企业、电力用户、售电公司等用户）、政府用户（包括中华人民共和国国家发展和改革委员会、国家能源局、经济和信息化委员会等政府单位用户）、交易中心用户、电网企业用户等。个人用户指自然人用户。 用户可以通过多终端进行用户注册，多终端包括 App 端、Web 端和客户端；两级市场的用户可以统一管理，省内的账号可以通过账号传输上传到省间，省间可以把账号下发到省内，可以支撑 100 万用户数量的正常使用。 用户管理功能包括账号管理、用户登录、证书管理、账号锁定、密码管理、邮箱手机绑定的功能	—
BA-BP-BD-XTGL-0102	权限管理	G2002	—	权限管理是指根据业务实际需要，对账号进行分配角色、权限。实现系统管理员或市场成员主账号对已经注册的账号进行角色权限管理，可以对角色、人	—

续表

业务活动编号	业务活动名称	使用岗位编号	依赖业务活动编号	业务活动内容描述	前置条件
BA-BP-BD-XTGL-0102	权限管理	G2002	—	员配置不同的权限功能，市场主体主账号可以创建子账号，并能够对子账号进行授权菜单权限。权限管理包括功能和数据的权限管理，具体是指对系统资源、菜单、操作按钮以及业务数据的权限管理。可以配置只读、读写、禁止，优先级：禁止>只读>读写。本业务项包括组织管理、资源管理、权限管理 3 个业务子项。 权限管理支持分级授权，支持内外网用户账号的授权、全部用户账号的授权功能，用户权限不能向上越级操作上级的数据	—
BA-BP-BD-XTGL-0103	流程管理	G2002	—	流程管理为业务流程提供一个工具，流程必须实现两级平台穿透流转、内外网、系统间贯通运作，所有流程可依据业务需求采用定制化配置。系统建立一个流程管理界面，包括流程设计、流程监控、流程控制、导入导出、流程版本管理、流转管理等子项。所有业务流程提供可视化业务流程树，各个业务节点可视化，各业务节点可、修改、控制、删除、复制、流程模板的引用等。	—
BA-BP-BD-XTGL-0104	日志管理	G2002	—	管理员可根据事件主体、账号、时间点/时间段、事件分类、IP、事件结果等属性进行日志审计信息查询；可对已产生的日志进行多维度的统计和分析。记录的系统运行的所有运行日志，为电力	—

续表

业务活动编号	业务活动名称	使用岗位编号	依赖业务活动编号	业务活动内容描述	前置条件
BA-BP-BD-XTGL-0104	日志管理	G2002	—	交易各个业务提供日志接口服务，提供日志存储、检索和统计等功能。并可以对日志提供级别分类，包括 info、debug、error，并可指定只记录以上一个或者多个类型日志	—
BA-BP-BD-XTGL-0105	系统配置	G2002	—	系统建立一个配置中心，提供配置功能，通过配置手段可以方便配置出用户使用环境，用户使用资源，系统使用资源，系统使用环境，系统参数等，使用户能以在最优的环境下使用。对应用通过配置能最优化地使用资源，减少资源浪费，提高系统响应能力和处理能力。系统配置包括系统参数配置和系统运行配置	—
BA-BP-BD-XTGL-0106	系统监视	G2002	—	应用监控展示系统内微服务、微应用的运行状态，使用资源等情况。如展示微服务、微应用的运行状态（运行中、异常、离线），资源使用情况（应用 CPU 使用率、内存使用情况等），实例个数以及实例异常原因，服务的接口列表等。链路跟踪记录服务调用链路形成的时间、耗时、调用类型、调用先后顺序等数据，收集调用信息并汇总存储，展示服务之间调用的拓扑图等	—

业务活动编号	业务活动名称	使用岗位编号	依赖业务活动编号	业务活动内容描述	前置条件
BA-BP-BD-XTGL-0107	系统诊断分析	G2002	—	为了提升平台的可靠性和故障快速处理的能力，提供对系统内的应用的运行状态进行诊断的功能，并根据配置的诊断规则进行自动诊断和手动诊断，给出诊断结果	—
BA-BP-BD-XTGL-0108	消息管理	G2002	—	实现消息推送红点通知、右侧弹出通知、小窗口提示、大窗口提示、提示音提示功能，实现消息协同管理。可通过用户ID、角色、组织进行批量消息推送，并为业务功能提供接口，实现业务消息的通知展示。消息可附带处理地址，支持通过消息通知框快捷打开处理界面	—
BA-BP-BD-XTGL-0109	市场运营监控中心	G2002	—	构建涵盖市场注册、发电装机、市场交易、市场效益、市场环境等核心主题场景的市场运营分析体系，开展交易运营分析相关统计分析业务，加强市场全面监测及运营能力建设，实现市场全景多维监测分析，支撑全方位、可视化的市场运营分析业务高效率开展，提升市场动态感知能力	—

5.4.2　业务活动分项说明

5.4.2.1　用户管理业务步骤清单

用户管理业务步骤清单包含用户注册、账号维护、证书管理 3 个业务步骤。步骤清单见表 5-25。

5.4.2.2　权限管理业务步骤清单

权限管理业务步骤清单包含组织管理、资源管理、权限管理、认证服务、主账号管理 5 个业务步骤。步骤清单见表 5-26。

表 5-25 用户管理业务步骤清单

业务步骤编号	业务步骤名称	输入业务信息编号	输出业务信息编号	业务步骤内容描述（业务步骤/业务规则）	前置条件
BS-BP-BD-XTGL-0101-0001	用户注册	BI-BD-XTGL-0101	BI-BD-XTGL-0101	交易平台用户可通过交易平台自主提交注册申请，个人用户账号采用实名制注册，账号注册与市场成员注册相互独立，可无须关联市场成员组织。 　　用户注册需要填写账号、密码、确认密码、手机号、验证码，阅读风险告知书和平台使用协议，然后提交注册。市场成员在生效的正式账号下可注册子账号，主账号只能查询到该主账号下的子账号。首先由系统管理员给市场成员主账号开启企业管理员权限，然后可在"用户管理"菜单下，进行子账号的注册，子账号注册也同样需要完成注册信息自动校验，校验通过后子账号注册完成并自动与该主账号关联，最后通过"角色管理"分配角色权限、绑定子账号角色	—
BS-BP-BD-XTGL-0101-0002	账号维护	BI-BD-XTGL-0101	BI-BD-XTGL-0101	市场成员账号维护是指对用户账号进行查询、修改、删除、注销等相关操作。包括账号查询、账号修改、账号删除、账号注销、账号锁定及解锁、密码管理、邮箱手机绑定等功能	—
BS-BP-BD-XTGL-0101-0003	证书管理	BI-BD-XTGL-0103	BI-BD-XTGL-0103	证书管理是指对交易平台数字安全证书进行办理、绑定等操作。绑定需要填写用户名称、账号、生效时间、失效时间和证书信息。实现市场成员外网用户登录交易平台，进行证书办理申请，系统自动读取账号信息和组织信息，阅读证书办理说明，上传法人签字盖章的证书使用承诺书扫描件，选择办理套餐，填写证书邮寄信息，进入缴费支付环节。支持线下缴费方式进行付款。若为线下缴费，提供上传缴费证明附件	—

表 5-26　　　　　　　　　　　　权限管理业务步骤清单

业务步骤编号	业务步骤名称	输入业务信息编号	输出业务信息编号	业务步骤内容描述（业务步骤/业务规则）	前置条件
BS-BP-BD-XTGL-0102-0001	组织管理	BI-BD-XTGL-0104	BI-BD-XTGL-0104	通过统一权限管理平台进行组织管理，对系统的组织进行建立、修改、查询等操作。支持组织机构建立、组织机构修改、组织机构删除等功能。新增组织需要填写组织名称、组织编码、组织类型和状态，点击每行右边加号可以在对应节点下增加组织	—
BS-BP-BD-XTGL-0102-0002	资源管理	BI-BD-XTGL-0105	BI-BD-XTGL-0105	通过统一权限管理平台进行资源管理，对平台所有菜单、功能资源进行新增、修改、维护、系统管理员可以根据角色不同配置出不同的操作菜单等操作。新增菜单需要填写菜单名称、菜单编码和菜单地址，点击左侧树形节点，在对应节点下新增菜单	—
BS-BP-BD-XTGL-0102-0003	权限管理	BI-BD-XTGL-0109	BI-BD-XTGL-0109	通过统一权限管理平台进行权限管理，对角色维护、角色组维护、角色授权、用户的账号权限进行维护、权限修改、权限回收等操作，在账号管理右侧进行菜单授权操作	—
BS-BP-BD-XTGL-0102-0004	认证服务	—	—	通过新一代电力交易平台外网用户权限协同管理、接入权限控制等方面的技术实现。从技术安全性设计，满足外网门户网站、新一代电力交易平台、可再生能源超额消纳凭证交易系统、e交易等多端会话统一，实现省间及省内统一的外网门户网站入口、统一登录认证	—
BS-BP-BD-XTGL-0102-0005	主账号管理	BI-BD-XTGL-0101	BI-BD-XTGL-0101	主账号是由市场成员实名注册申请，人工审核通过并由系统管理员授权而生成的实名制正式账号，每个市场成员最多只能拥有1个主账号，主账号可以快	—

业务步骤 编号	业务步骤 名称	输入业务 信息编号	输出业务 信息编号	业务步骤内容描述 （业务步骤/业务规则）	前置条件
BS-BP-BD- XTGL-0102- 0005	主账号管理	BI-BD-XTGL- 0101	BI-BD-XTGL- 0101	捷注册并管理其子账号，对子账号可以进行授权、启用、禁用和删除等操作。通过子账号可以方便市场成员内部做更精细化管理，不同子账号的用户开展各自专业的工作，实现市场成员内部工作职责与工作权限的分级管理	—

5.4.2.3　流程管理业务步骤清单

流程管理业务步骤清单包含流程设计、流程监控、流程控制、流程版本管理、流转管理 5 个业务步骤。步骤清单见表 5-27。

表 5-27　　　　　　　　　　　流程管理业务步骤清单

业务步骤 编号	业务步骤 名称	输入业务 信息编号	输出业务 信息编号	业务步骤内容描述 （业务步骤/业务规则）	前置条件
BS-BP-BD- XTGL-0103- 0001	流程设计	BI-BD-XTGL- 0110	BI-BD-XTGL- 0110	通过业务流程管理平台进行流程设计，根据业务需要定制一个业务流程，流程设计必须采用可视化设计建模工具设计，实现业务流程创建、修改、控制、删除等功能，流程图设计可以从左侧拖动对应组件来绘制，双击业务主体框可以编辑参与者账号，下方可以选择对应的人工任务	—
BS-BP-BD- XTGL-0103- 0002	流程监控	BI-BD-XTGL- 0114	BI-BD-XTGL- 0114	通过业务流程管理平台进行流程监控，对正在流转中的流程进行监控。系统管理人员可以对流程进行挂起、恢复、删除操作。全面支撑电力交易业务的业务流运转，满足两级平台穿透流转、内外网贯通运作的需求，能够在电力交易平台中进行流程监控的相关操作	—

续表

业务步骤 编号	业务步骤 名称	输入业务 信息编号	输出业务 信息编号	业务步骤内容描述 （业务步骤/业务规则）	前置条件
BS-BP-BD- XTGL-0103- 0003	流程控制	BI-BD-XTGL- 0114	BI-BD-XTGL- 0114	通过业务流程管理平台对进行中的业务流程进行重定向、流程跳过、流程撤销、流程重启等操作	—
BS-BP-BD- XTGL-0103- 0004	流程版本管理	—	—	流程版本管理，在流程业务变动，需要添加/减少审批节点或者重新设计流程。可以通过新建流程版本，在版本中完成流程修改，修改后启用新版本流程	—
BS-BP-BD- XTGL-0103- 0005	流转管理	—	—	流程流转管理，在配置流程时，根据需求选择不同的处理方，如用户、角色、岗位	—

5.4.2.4 日志管理业务步骤清单

日志管理业务步骤清单包含日志信息管理和日志数据管理两个业务步骤。步骤清单见表 5-28。

表 5-28　　　　　　　　　　　　　　　　日志管理业务步骤清单

业务步骤 编号	业务步骤 名称	输入业务 信息编号	输出业务 信息编号	业务步骤内容描述 （业务步骤/业务规则）	前置条件
BS-BP-BD- XTGL-0104- 0001	日志信息管理	BI-BD-XTGL- 0126 BI-BD-XTGL- 0128 BI-BD-JCZC- 0007	BI-BD-JCZC- 0008	日志信息管理包括审计日志查询、审计日志归档、痕迹管理、日志展示及检索、高级应用、登录记录。审计日志查询，通过事件主体、账号、时间点/时间段、日志分类、事件分类、IP、事件结果等查询条件，对系统重要安全事件（包括用户和权限的修改增删改、配置定制、审计日志维护、用户登录和退出、越权访问、连接超时、密码重置、数据的备份和恢复等系统级事件，业务数据增删改、业务流程定制、交易操作中断等业务级事件的审计日志）进行查	用户登录成功并具有管理员权限（其中用户和权限的修改、审计日志维护、用户登录和退出、越权访问、连接超时、密码重置等系统级

业务步骤编号	业务步骤名称	输入业务信息编号	输出业务信息编号	业务步骤内容描述（业务步骤/业务规则）	前置条件
BS-BP-BD-XTGL-0104-0001	日志信息管理	BI-BD-XTGL-0126 BI-BD-XTGL-0128 BI-BD-JCZC-0007	BI-BD-JCZC-0008	询。审计日志归档功能，将系统中记录的用户操作日志进行归档操作，归档后的数据在日志管理中不再出现。痕迹管理功能，系统管理人员可方便地将页面数据启用痕迹管理，一经启用，系统将追踪数据变更，记录用户、时间、前后值等信息。修改后可设显示色以示区分，有助于提示。若痕迹管理数据被修改，页面变色显示，鼠标移至变色项弹出修改细节，已归档的操作日志将在管理中隐藏。日志展示及检索功能可通过对保存的日志在线浏览，还可通过关键字查找日志内容，同时还提供按照时间和业务分类的日志搜索方法，为日志搜索提供便利。高级应用功能根据日志中记录的电力交易用户操作信息，分析用户操作行为，按照市场合规、基础支撑、市场服务、信息发布、交易管理、系统管理、市场结算、合同管理业务场景，针对日志信息进行系统审计和分析电力交易行为。登录记录功能，在用户登录时，将用户登录时的相关信息，如用户名和用户登录的 IP 等信息保存下来，方便管理员以后对用户的登录信息进行查询	事件在 ISC 处进行查看）
BS-BP-BD-XTGL-0104-0002	日志数据管理	BI-BD-XTGL-0126	—	日志数据管理涵盖了数据接入、数据计算以及数据存储 3 个关键组成部分。在数据接入方面，日志服务通过提供一个统一的数据接入接口，积极地记录了每一次有价值的电力交易操作信息，并将这些信息汇总后写入日志服务，实现了集中存储。在数据计算阶段，系统对所收集到的数据进行了聚合计算，从而有效地提升了日志存储的效率，并减少了不必要的冗余数据	存在日志信息

5.4.2.5 系统配置业务步骤清单

系统配置业务步骤清单包含系统参数配置、系统运行配置、系统资源配置 3 个业务步骤。步骤清单见表 5-29。

表 5-29　　　　　　　　　　　　　　　系统配置业务步骤清单

业务步骤 编号	业务步骤 名称	输入业务 信息编号	输出业务 信息编号	业务步骤内容描述 （业务步骤/业务规则）	前置条件
BS-BP-BD- XTGL-0105- 0001	系统参数 配置	—	—	系统参数配置可以对系统内的统一编码（实际值与显示值的对应关系）配置	—
BS-BP-BD- XTGL-0105- 0002	系统运行 配置	—	—	系统运行配置完启动时所需个性化设置，包括菜单风格、首页风格、分页选择列表、分页默认条数、主题颜色、面包屑展示、单位展示、页签展示、快捷菜单展示、页签显示最大数，在平台上方个性化设置可以进行修改配置	—
BS-BP-BD- XTGL-0105- 0003	系统资源 配置	—	—	系统资源配置是对系统所使用的硬件、软件、虚拟资源和基础业务（IP、vlan、负载均衡策略、防火墙策略、账号权限、机柜空间、配线）及其环境等进行初始配置	—

5.4.2.6 系统监视业务步骤清单

系统监视业务步骤清单包含统一监视平台、硬件状态展示、软件状态展示、虚拟环境监测、告警信息展示、多云平台兼容、运行风险监控、业务监控、组件监控、异常监控、安全风险监控、运行监视 12 个业务步骤。步骤清单见表 5-30。

表 5-30　　　　　　　　　　　　　　　系统监视业务步骤清单

业务步骤 编号	业务步骤 名称	输入业务 信息编号	输出业务 信息编号	业务步骤内容描述 （业务步骤/业务规则）	前置条件
BS-BP-BD- XTGL-0106- 0001	统一监视 平台	—	—	系统监视建立统一的监视控制平台（中心），在统一监视页面中，通过不同分类筛选、展示不同的监视信息。如硬	—

续表

业务步骤 编号	业务步骤 名称	输入业务 信息编号	输出业务 信息编号	业务步骤内容描述 （业务步骤/业务规则）	前置条件
BS-BP-BD- XTGL-0106- 0001	统一监视 平台	—	—	件运行状态、软件运行状态、告警信息（CPU 告警、内存告警、磁盘告警、网络 IO 告警、磁盘 IP 告警），内外网在线人数、应用部署数、正常应用数、故障应用数等，统一监视平台的各检测项或者监视指标能够灵活配置，图形拓扑可以方便地增加、删除、修改	—
BS-BP-BD- XTGL-0106- 0002	硬件状态 展示	—	—	硬件状态展示可以查看系统中服务器运行参数和状态信息。如展示服务器数量、CPU 颗数、服务器的 CPU 使用率、CPU 使用率历史曲线、内存总量、内存使用率、内存使用率历史曲线、磁盘总量、磁盘使用率以及各项硬件的温度、风扇速度等，对于网络类设备要展示网络流量，使用端口数和端口号。有助于工作人员及时发现问题，排查问题，保证系统维持一个良好的硬件支持状态	—
BS-BP-BD- XTGL-0106- 0003	软件状态 展示	—	—	软件状态展示系统类软件应用的运行状态，使用资源等情况。如展示应用的启停状态（已停止、已启动、启动失败、停止失败），运行状态（运行中、故障、已停止），资源使用情况（应用 CPU 使用率等，与硬件服务器监视类同），如果正在进行传输，还要显示传输速率，传输进度，当与其他应用通信时，要显示占用或调用应用数量和具体应用，并提供状态界面，可以方便地进行状态查看与监视	—
BS-BP-BD- XTGL-0106- 0004	虚拟环境 监测	—	—	实现对云终端、虚拟机、资源池的采集，如虚拟机的运行情况、虚拟资源的分配情况的采集等。云终端设备监测包	—

续表

业务步骤 编号	业务步骤 名称	输入业务 信息编号	输出业务 信息编号	业务步骤内容描述 （业务步骤/业务规则）	前置条件
BS-BP-BD- XTGL-0106- 0004	虚拟环境 监测	—	—	括安全监测，对云终端安全性相关指标进行监测；数据流量监测，对云终端数据流量进行监测；资源占用率监测，对云终端资源占用率情况进行监测。虚拟机关键指标监测包括基础信息采集（对虚拟机自身软硬件信息采集），运行情况监测（对虚拟机运行情况进行监测），分配情况监测（对虚拟资源的分配情况进行监测）。对资源池使用情况监测包括对资源池规模监测，对最小及最大资源池数目、分配到资源池的请求数量进行监测	—
BS-BP-BD- XTGL-0106- 0005	告警信息展示	—	—	用户通过灵活配置告警类别、严重级别、告警阈值生成规则。系统依据用户配置的告警规则提供包括短信、邮件等多种方式的告警服务功能，通过告警管理降低系统管理人员的被动性	—
BS-BP-BD- XTGL-0106- 0006	多云平台兼容	—	—	系统监控能够兼容阿里云和华为云对市场服务、市场出清、市场结算、市场合规、信息发布、基础支撑六个模块容器的运行情况、微服务的健康状态等进行监控。系统监控能够兼容阿里云和华为云运行	
BS-BP-BD- XTGL-0106- 0007	运行风险监控	—	BI-BD-JCZC- 0045	省内的新平台对服务运行状态、端口、CPU、线程等信息进行可视化实时监控，一旦服务异常，即可发送异常信息至告警，通知管理者异常信息并要求其尽快处理，实现服务运行的风险监测，为服务健康提供保障，为系统安全保驾护航。同时实现接口超时、慢接口和服务故障的实时风险监控管理，当系统存在接口超时、慢接口和服务故障，	—

续表

业务步骤 编号	业务步骤 名称	输入业务 信息编号	输出业务 信息编号	业务步骤内容描述 （业务步骤/业务规则）	前置条件
BS-BP-BD- XTGL-0106- 0007	运行风险监控	—	BI-BD-JCZC- 0045	可实时进行监控和分析。把监控结果进行展示，能及时有效的发现接口问题，提升省内的系统稳定运行能力及风险监控能力。通过对微服务不同风险设置的告警策略并配置的联系人的手机号、邮箱等信息，在触发告警后，可以通过告警源、告警名称、告警时间等进行查询，同时在实时告警页面上展示该告警。在告警确认后，实时告警转为历史告警，达到服务运行的风险告警。实现7×24 h、全平台覆盖的实时运行风险的监控和预警	—
BS-BP-BD- XTGL-0106- 0008	业务监控	—	BI-BD-JCZC- 0041	建立对业务访问流量和业务状态的监控管理，通过业务访问流量，可以分析出业务访问量趋势，根据业务访问历史峰平谷流量，提前调整微服务负载配置，避免出现业务运行因为负载超出流量预期导致业务无法正常开展。当监控业务流量负载到达阈值时，发送告警信息通知运营人员，手动扩容微服务节点	—
BS-BP-BD- XTGL-0106- 0009	组件监控	—	BI-BD-JCZC- 0042	建立电力交易平台对云平台组件和基础组件的监控管理，当组件发生异常时，及时向运营人员发送告警信息。 需要监控的基础组件包括隔离装置、消息中间件、Redis 缓存、RDS 数据库、注册配置中心、微服务网关、Elasticsearch 搜索引擎。 需要微服务组件监控包括文件服务、文件预览、帆软报表、全网通、工作流、电子签章、消息推送、短信、邮件、系统配置、审计日志、系统日志、用户中心	—

续表

业务步骤编号	业务步骤名称	输入业务信息编号	输出业务信息编号	业务步骤内容描述（业务步骤/业务规则）	前置条件
BS-BP-BD-XTGL-0106-0010	异常监控	—	BI-BD-JCZC-0043	异常监控需要实现监控用户访问平台时产生的所有异常信息，异常信息包括前端异常、后端异常和后端超时。通过这个功能可以及时发现平台的性能瓶颈，快速捕获异常错误，并及时向运营人员发送告警信息	—
BS-BP-BD-XTGL-0106-0011	安全风险监控	—	BI-BD-JCZC-0044	通过建立统一规范的交易平台安全运行监控系统，支撑省交易平台安全稳定运行，满足交易公司未来独立规范化运作的需要，提供交易平台实时安全运行数据展示、记录等，实现安全预警、安全报警等功能。支持安全运行指标方案可自定义配置	—
BS-BP-BD-XTGL-0106-0012	运行监视	—	—	通过建立对全网平台运行情况的监视，监控数据统一汇总到省内平台进行统计分析，监视的对象包括系统实时访问流量、在线用户数、新注册用户数、日均用户活跃数、安全配置、微服务CPU内存使用率、微服务节点数	—

5.4.2.7　系统诊断分析业务步骤清单

系统诊断分析业务步骤清单包含硬件设备自诊断、软件自诊断、应用自诊断、安全诊断、诊断分析、请求库管理功能、请求执行功能、测试监控功能、测试结果分析功能、数据库性能评价功能、Redis 性能评价功能、性能评价功能 12 个业务步骤。步骤清单见表 5-31。

表 5-31　　　　　　　　　　　系统诊断分析业务步骤清单

业务步骤编号	业务步骤名称	输入业务信息编号	输出业务信息编号	业务步骤内容描述（业务步骤/业务规则）	前置条件
BS-BP-BD-XTGL-0107-0001	硬件设备自诊断	—	—	所有硬件设备必须提供自诊断功能或类似功能，在收到自诊断指令后需立即启动自诊断程序，对设备的 CPU 负载、	—

业务步骤 编号	业务步骤 名称	输入业务 信息编号	输出业务 信息编号	业务步骤内容描述 （业务步骤/业务规则）	前置条件
BS-BP-BD- XTGL-0107- 0001	硬件设备 自诊断	—	—	内存占用率、存储使用情况、网络通路 （端口）、网络资源占用情况等资源的耗 用情况汇总上报，并对设备的功能（应 用）的运行状态进行测试，检测各功能 的性能指标和状态，上报测试结果	—
BS-BP-BD- XTGL-0107- 0002	软件自诊断	—	—	这里的软件主要是指系统级软件，包 括操作系统、数据库、虚拟服务管理、 云服务管理、中间件、存储管理等。上 述软件必须具备一定的自诊断功能，能 对自己的应用的各项状态、环境、资源 等进行诊断，并上报诊断结果	—
BS-BP-BD- XTGL-0107- 0003	应用自诊断	—	—	应用收到自诊断命令后，就要立即对 自己的各项状态、环境、资源等进行诊 断，要对自己所有为主关联的微应用 （微程序）进行测试，如果与外部链接， 还要测试与外部的链接是否正常，与关 联应用是否正常，与系统软件之间是否 正常，在本应用内部还要提供一些响应 处理指标，并汇报结果	—
BS-BP-BD- XTGL-0107- 0004	安全诊断	—	—	为了提高系统安全性能，系统安全诊 断排查系统中存在的漏洞、病毒等安全 威胁。系统必须具备安全诊断功能，能 自行对本系统内的所有资源进行安全 诊断检查。具体按照安全分册相关要 求执行	—
BS-BP-BD- XTGL-0107- 0005	诊断分析	—	—	诊断分析能够对上述收集的诊断信息 按照一定的规则进行分析，提供各类指 标的梯级告警阈值设置，提供各类参数 的建议工作值、优化值设置等	—

续表

业务步骤编号	业务步骤名称	输入业务信息编号	输出业务信息编号	业务步骤内容描述（业务步骤/业务规则）	前置条件
BS-BP-BD-XTGL-0107-0006	请求库管理功能	—	—	管理所有请求，可以新增、编辑和删除请求，点击新增，填写请求名称、协议、IP 地址、端口号、请求方法、请求路径、请求体，点击确定新增请求	—
BS-BP-BD-XTGL-0107-0007	请求执行功能	—	—	可以执行请求，点击对应请求的执行按钮，点击执行，跳转请求执行详情页，填写并发数量，点击执行，会显示请求执行状态、响应时间和执行成功率	—
BS-BP-BD-XTGL-0107-0008	测试监控功能	—	—	可以监控测试计划，点击新增，填写测试计划名称、测试网省、计划测试时间、测试持续时间和测试请求，点击确定新增测试计划	—
BS-BP-BD-XTGL-0107-0009	测试结果分析功能	—	—	点击测试记录，可以查看请求名称、并发数量、测试持续时间、请求执行状态、响应时间、执行成功率，进行测试结果分析	—
BS-BP-BD-XTGL-0107-00010	数据库性能评价功能	—	—	数据库管理，点击测试跳转数据库测试页面，填写线程数量、执行时间、测试类型、测试表数量、表初始数据量，点击开始测试，测试完成后，点击测试记录查看测试结果，根据并发数、平均 QPS、最大 QPS 评价数据库性能	—
BS-BP-BD-XTGL-0107-00011	Redis 性能评价功能	—	—	点击新增，填写测试名称、IP、端口、密码，点击保存，新增 Redis 缓存信息，填写请求总数、并发数，点击开始测试，测试完成后，点击测试记录查看测试结果，根据并发数、QPS、平均响应时间评价 Redis 性能	—
BS-BP-BD-XTGL-0107-0012	性能评价功能	—	—	根据请求执行情况、数据库性能和 Redis 性能综合评价性能情况	—

5.4.2.8 消息管理业务步骤清单

消息管理业务步骤清单包含消息管理 1 个业务步骤，步骤清单见表 5-32。

表 5-32 消息管理业务步骤清单

业务步骤编号	业务步骤名称	输入业务信息编号	输出业务信息编号	业务步骤内容描述（业务步骤/业务规则）	前置条件
BS-BP-BD-XTGL-0108-0001	消息管理	—	—	实现消息推送红点通知、右侧弹出通知、小窗口提示、大窗口提示、提示音提示功能，实现消息协同管理	—

5.4.2.9 市场运营监控中心业务步骤清单

市场运营监控中心业务步骤清单包含市场出清、市场服务、市场结算、信息发布 4 个业务步骤。步骤清单见表 5-33。

表 5-33 市场运营监控中心业务步骤清单

业务步骤编号	业务步骤名称	输入业务信息编号	输出业务信息编号	业务步骤内容描述（业务步骤/业务规则）	前置条件
BS-BP-BD-XTGL-0109-0001	市场出清	—	—	市场运营监控中心市场出清模块	—
BS-BP-BD-XTGL-0109-0002	市场服务	—	—	市场运营监控中心市场服务模块	—
BS-BP-BD-XTGL-0109-0003	市场结算	—	—	市场运营监控中心市场结算模块	—
BS-BP-BD-XTGL-0109-0004	信息发布	—	—	市场运营监控中心信息发布模块	—

市场出清业务步骤清单见表 5-34。

市场服务业务步骤清单见表 5-35。

表 5-34　　　　　　　　　　　　　市场出清业务步骤清单

业务步骤编号	业务步骤名称	输入业务信息编号	输出业务信息编号	业务步骤内容描述（业务步骤/业务规则）	前置条件
BS-BP-BD-XTGL-0109-0001-0001	中长期交易业务监测	—	—	中长期交易业务监测，监测中长期交易的交易基本信息、交易结果信息和合同信息。并对交易信息和合同信息进行异常信息校核并标示异常信息	监测中长期交易的交易基本信息、交易结果信息和合同信息，需要完成中长期交易公告发布和结果发布
BS-BP-BD-XTGL-0109-0001-0002	省内现货业务监测	—	—	省内现货业务监测，监测省内现货交易的出清结果信息。可按交易日期查看市场主体成交电量及成交电价等信息	现货业务监测需要完成省内现货交易出清

表 5-35　　　　　　　　　　　　　市场服务业务步骤清单

业务步骤编号	业务步骤名称	输入业务信息编号	输出业务信息编号	业务步骤内容描述（业务步骤/业务规则）	前置条件
BS-BP-BD-XTGL-0109-0002-0001	市场注册分析	—	—	市场注册分析业务，基于主体类型、售电公司资产总额区间、电力用户行业类别、发电企业发电类型等维度，开展市场注册情况的多维分析	具备市场注册数据
BS-BP-BD-XTGL-0109-0002-0002	发电装机分析	—	—	发电装机分析业务，基于能源类型、省份、主要发电集团等维度，开展市场注册装机情况的多维分析，重点支撑对发电侧发电能力的预判分析	需使用市场注册功能的机组注册数据

续表

业务步骤编号	业务步骤名称	输入业务信息编号	输出业务信息编号	业务步骤内容描述（业务步骤/业务规则）	前置条件
BS-BP-BD-XTGL-0109-0002-0003	市场效益分析	—	—	市场效益分析业务，基于清洁能源消纳情况、新能源消纳情况、节能减排效益、可再生能源电力消纳责任权重测算等维度，开展市场效益情况的多维分析，重点对电力市场化交易带来的社会效益和经济效益进行分析	具备市场交易数据
BS-BP-BD-XTGL-0109-0002-0004	在途业务监测管理	—	—	在途业务监测管理业务，按照主体注册、信息变更、主体注销、业务范围变更、零售绑定维度查看省内各类业务的增长情况及各个审核业务的进程信息，包括最新业务状态、处理时长等，针对进度较慢的在途业务可进行催办处理	具备各个审核业务的进程信息

市场结算业务步骤清单见表 5-36。

表 5-36　　　　　　　　　　市场结算业务步骤清单

业务步骤编号	业务步骤名称	输入业务信息编号	输出业务信息编号	业务步骤内容描述（业务步骤/业务规则）	前置条件
BS-BP-BD-XTGL-0109-0003-0001	结算业务监测	—	—	结算业务监测，对本省电力交易平台月度结算业务开展进度、结算数据上传总部平台进度、本省电力交易中心参与总部结算进度等业务进行监测，协助北京电力交易中心掌握本省结算业务开展情况	监测本省电力交易平台月度结算业务开展进度、结算数据上传总部平台进度、本省电力交易中心参与总部结算进度等业务，需要完成月度结算数据计算

信息发布业务步骤清单见表 5-37。

表 5-37　　　　　　　　　　　信息发布业务步骤清单

业务步骤编号	业务步骤名称	输入业务信息编号	输出业务信息编号	业务步骤内容描述（业务步骤/业务规则）	前置条件
BS-BP-BD-XTGL-0109-0004-0001	信息披露监测	—	—	信息披露监测功能，实现对省内年度、季度、月度、周、日信息的披露状态进行监测，支持查询省内前30条最新信息披露申请记录	具备省内年度、季度、月度、周、日的数据

5.5　业　务　信　息

业务信息清单如表 5-38 所示。

表 5-38　　　　　　　　　　　业　务　信　息　清　单

业务信息编号	业务信息类型	业务信息名称	用途	使用单位	制作单位	使用频率
BI- BD-XTGL-0101	单据	用户信息	记录用户信息	交易中心	交易中心	业务触发
BI- BD-XTGL-0102	单据	账号密码策略	记录账号密码策略信息	交易中心	交易中心	业务触发
BI- BD-XTGL-0103	单据	证书信息	记录证书信息	交易中心	交易中心	业务触发
BI- BD-XTGL-0104	单据	组织信息	记录组织信息	交易中心	交易中心	业务触发
BI- BD-XTGL-0105	单据	资源信息	记录资源信息	交易中心	交易中心	业务触发
BI- BD-XTGL-0106	单据	角色组信息	记录角色组信息	交易中心	交易中心	业务触发
BI- BD-XTGL-0107	单据	角色信息	记录角色信息	交易中心	交易中心	业务触发
BI- BD-XTGL-0108	单据	角色权限信息	记录角色权限信息	交易中心	交易中心	业务触发
BI- BD-XTGL-0109	单据	用户权限信息	记录用户权限信息	交易中心	交易中心	业务触发
BI- BD-XTGL-0110	单据	流程信息	记录流程信息	交易中心	交易中心	业务触发
BI- BD-XTGL-0111	单据	流程节点信息	记录流程节点信息	交易中心	交易中心	业务触发
BI- BD-XTGL-0112	单据	流程节点审批配置信息	记录流程节点审批配置信息	交易中心	交易中心	业务触发

续表

业务信息编号	业务信息类型	业务信息名称	用途	使用单位	制作单位	使用频率
BI- BD-XTGL-0113	单据	流程节点审批信息	记录流程节点审批信息	交易中心	交易中心	业务触发
BI- BD-XTGL-0114	单据	流程审批待办信息	记录流程审批待办信息	交易中心	交易中心	业务触发
BI- BD-XTGL-0115	单据	流程审批已办信息	记录流程审批已办信息	交易中心	交易中心	业务触发
BI- BD-XTGL-0116	单据	系统参数配置	记录系统参数配置信息	交易中心	交易中心	业务触发
BI- BD-XTGL-0117	单据	系统运行配置	记录系统运行配置信息	交易中心	交易中心	业务触发
BI- BD-XTGL-0118	单据	系统权限配置	记录系统权限配置信息	交易中心	交易中心	业务触发
BI- BD-XTGL-0119	单据	运行工况信息	记录系统运行工况信息	交易中心	交易中心	业务触发
BI- BD-XTGL-0120	单据	软件状态信息	记录系统软件状态信息	交易中心	交易中心	业务触发
BI- BD-XTGL-0121	单据	虚拟环境信息	记录系统虚拟环境信息	交易中心	交易中心	业务触发
BI- BD-XTGL-0122	单据	告警信息	记录系统告警信息	交易中心	交易中心	业务触发
BI- BD-XTGL-0123	单据	诊断分析信息	记录系统诊断分析信息	交易中心	交易中心	业务触发
BI- BD-XTGL-0124	单据	软件自诊断信息	记录软件自诊断信息	交易中心	交易中心	业务触发
BI- BD-XTGL-0125	单据	应用自诊断信息	记录应用自诊断信息	交易中心	交易中心	业务触发
BI- BD-XTGL-0126	单据	审计日志信息	记录应审计日志信息	交易中心	交易中心	业务触发
BI- BD-XTGL-0127	单据	映射管理	记录映射管理信息	交易中心	交易中心	业务触发
BI- BD-XTGL-0128	单据	数据痕迹数据项信息	记录用于数据痕迹管理的数据项信息	交易中心	交易中心	业务触发
BI- BD-XTGL-0129	单据	数据项历史记录	记录数据项变动历史信息	交易中心	交易中心	业务触发

6 共享融合需求分析

共享融合需求见表 6-1。

表 6-1 共享融合需求

需求部门	交易中心	配合部门	信通
需求系统	电力交易平台	配合系统	统一权限平台
涉及流程	一		
需求说明	用户登录及权限配置需要调用统一权限平台进行用户认证，从统一权限平台获取用户信息、用户权限等信息		
流程说明	用户在交易平台登录后，交易平台将调用统一权限平台的接口，验证用户名、密码是否为认证用户		
逻辑说明	一		

平台基础支撑篇

7 现 状 分 析

7.1 业务现状分析

2013年起，随着电力市场化运作的不断深入推进，各类交易品种日渐丰富，电力用户直接参与市场交易，电力市场由原来的发电侧单边市场发展为发电侧、用电侧联动的双边市场。2014年，为适应新形势满足电力交易机构组织开展各类交易平台化运作要求，适应电力交易业务变化，支撑直接交易双边市场，北京电力交易中心部署建设了统一电力市场技术支撑平台，支撑两级交易中心电力交易业务。完成了交易管理、计划管理、结算管理、市场成员管理、合同管理、信息发布、交易全景展示、市场运营管控、交易资源管控、交易合规管控、市场关键指标评估、移动终端交易应用、市场信息公示网站等24个一级模块、200多个二级模块建设，实现平台在北京电力交易中心及27个省市场电力交易业务全过程的上线运行。

随着电力交易业务的不断发展，对电力交易平台的稳定运行、业务支撑提出了更高的要求。为建设灵活、可靠的交易平台，对平台的各个业务功能模块提供更好的支持。需抽取系统的公共功能，作为平台基础支撑，进一步强化电力交易平台的基础管理功能和各项业务支撑能力。

7.2 信息系统现状分析

全国统一电力市场的建设方案于2013年开始推进，在原有支撑发电侧单边市场交易运作的功能基础上，按照"统一市场、两级部署"的思路，构建支撑全国统一电力市场运作的公开透明、规范高效的双边交易系统，全面支撑电力用户与发电企业直接交易。开展了两期建设，总体上实现了系统支撑电力交易中心核心业务运作的目标。主要包括市场成员管理、交易管理、合同管理、计划管理、结算管理、信息发布、市场信息统计、交易合规管控、市场动态信息展示、交易平台外网网站、交易客户端、移动应用、市场活跃度评级功能、为市场主体提供标准接口服务、交易敏感数据安全防护、市场信息公示网站应用监控分析、数据传输/存储安全防护、系统管理等内容。

目前采用单体应用集中式架构的交易管理模块容易受到硬件资源冗余不够、隔离装置上限不足等多重因素的制约，无法满足当前高频次的交易组织开展、高并发的交易数据申报以及高实时性的交易出清计算。当前高度灵活的市场化交易组织以及未来的现货市场都体现出业务需求差异化、碎片化的特征，基于云平台的微服务重构正是适应市场发展的合理技术方案。微应用分布式架构主要用于事务弱一致性、应用负载不均衡和突发式业务，应对集中式在线电力交易的高并发申报、高计算资源独占特性，通过上云端电力企业扩展，由分布式关系型数据库服务集群、弹性计算服务集群和分布式数据计算服务集群提供交易管理的技术支撑，可以提升电力直接交易在线处理能力及可靠性。同时通过云平台组件提供数据的跨域计算，提高业务系统在应用两级部署、数据两级存储架构下的计算实时性，实现从"搬数据"向"搬计算"转变。

8 业务描述

8.1 业务目标

随着电力交易业务的不断发展，对电力交易平台的稳定运行、业务支撑提出了更高的要求。因此，新一代电力交易平台方案中提出了通过建设统一的平台技术基础支撑能力，提高电力交易平台的安全性、可靠性和灵活性，实现对平台各业务功能模块提供更好支撑。平台基础支撑功能是通过对各业务模块需求的梳理、分析、理解和总结提炼得出，主要包括平台数据模型工具、市场模型匹配工具、电力企业报表服务、公式服务、并行计算服务、人机界面、告警服务、文件服务、电子签章服务、数据校验服务、访问控制、数据处理服务、定时任务服务、数据归档和备份服务、主动安全防护服务、电网企业数据交互、纵向数据交互、市场主体数据交互、灰度发布、需求管理工具等。

8.2 组织单元

组织单元包括省级电力交易中心以及所属的技术部门，本册涉及岗位主要为电力交易平台业务岗位，岗位定义如表8-1所示。

表8-1 岗 位 定 义

编号	岗位	所属组织单元	职责
G2002	电力交易平台业务岗位	省级电力交易中心技术部门	负责交易平台网络和信息安全管理，负责交易平台应用管理及数据管理

8.3 业务流程

8.3.1 流程清单

平台基础支撑流程清单，包含平台数据模型工具流程、市场模型匹配工具流程、报表服务流程、公式服务流程、人机界面流程、告警服务流程、文件服务流程、电子签章服务流程、数据校验服务流程、数据处理服务流程、定时任务服务流程、数据归档和备份服务流程、主动安全防护服务流程、电网企业数据交互流程、纵向数据交互流程、市场主体数据交互流程、需求提报以及管理流程等业务流程，流程清单见表 8-2。

表 8-2 流 程 清 单

流程编号	业务流程名称	父级流程编号	业务职能名称
BP-BD-JCZC-0101	平台数据模型工具流程	—	平台技术支撑
BP-BD-JCZC-0102	市场模型匹配工具流程	—	平台技术支撑
BP-BD-JCZC-0103	报表服务流程	—	平台技术支撑
BP-BD-JCZC-0104	公式服务流程	—	平台技术支撑
BP-BD-JCZC-0105	人机界面流程	—	平台技术支撑
BP-BD-JCZC-0106	告警服务流程	—	平台技术支撑
BP-BD-JCZC-0107	文件服务流程	—	平台技术支撑
BP-BD-JCZC-0108	电子签章服务流程	—	平台技术支撑
BP-BD-JCZC-0109	数据校验服务流程	—	平台基础支撑
BP-BD-JCZC-0110	数据处理服务流程	—	平台技术支撑
BP-BD-JCZC-0111	定时任务服务流程	—	平台技术支撑
BP-BD-JCZC-0112	数据归档和备份服务流程	—	平台技术支撑
BP-BD-JCZC-0113	主动安全防护服务流程	—	平台技术支撑
BP-BD-JCZC-0114	电网企业数据交互流程	—	平台技术支撑
BP-BD-JCZC-0115	纵向数据交互流程	—	平台技术支撑
BP-BD-JCZC-0116	市场主体数据交互流程	—	平台技术支撑
BP-BD-JCZC-0117	需求提报以及管理流程	—	平台技术支撑
BP-BD-JCZC-0118	平台身份认证服务流程	—	平台技术支撑
BP-BD-JCZC-0119	区块链绿电溯源服务流程	—	平台技术支撑

8.3.2　业务流程图

8.3.2.1　平台数据模型工具流程

平台数据模型工具对元数据进行管理。元数据可有效对数据定义和数据及数据属性描述。平台数据模型工具可分为元数据初始化及查询、元数据维护、元数据分析 3 部分。平台数据模型工具流程如图 8-1 所示。

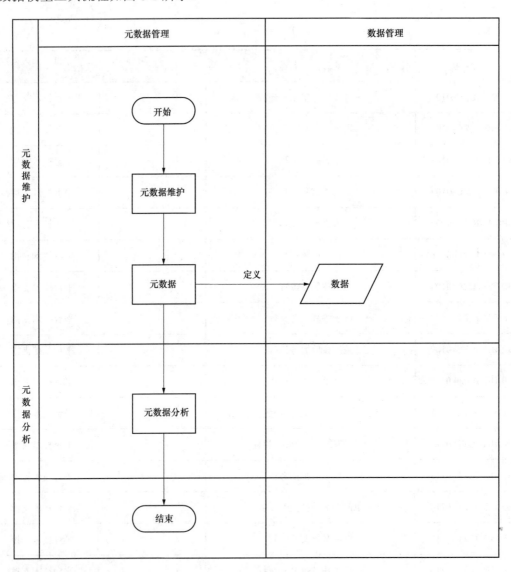

图 8-1　平台数据模型工具流程

8.3.2.2　市场模型匹配工具流程

市场模型匹配工具提供物理模型创建工具，实现物理模型高效创建和维护的基础支撑能力。市场模型匹配工具流程如图 8-2 所示。

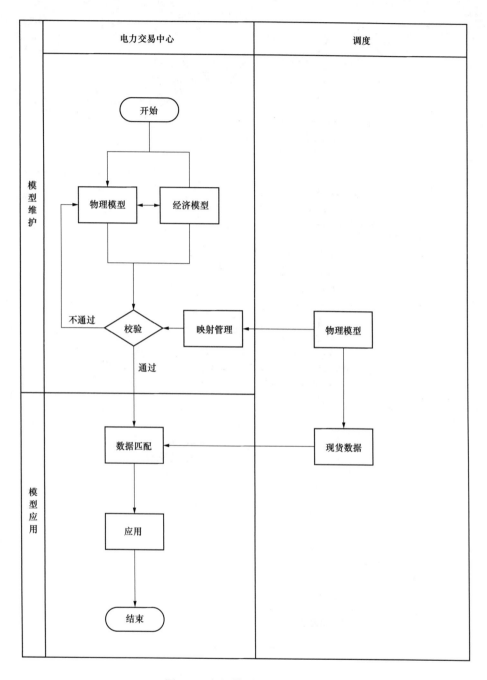

图 8-2　市场模型匹配工具流程

8.3.2.3　报表服务流程

报表服务用于快速准确地提供统计分析报表，满足多维报表、数据分析、数据可视化展现等需求。报表服务流程如图 8-3 所示。

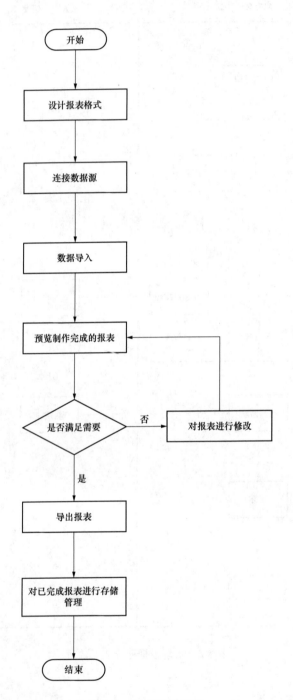

图 8-3　报表服务流程

报表设计包含数据准备、设计处理、报表展现 3 部分，如图 8-4 所示。

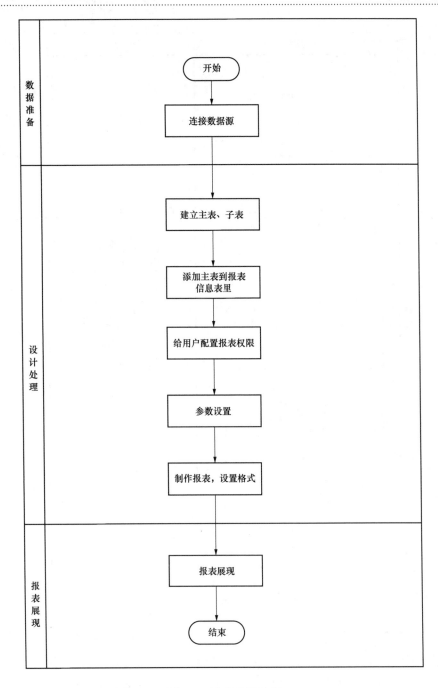

图 8-4　报表设计流程

8.3.2.4　公式服务流程

公式服务用于简化电力交易平台各类计算公式的维护工作，避免因更新业务计算公式而引起电力交易平台的停运。公式服务可分为预制函数、公式配置、公式编译 3 部分。公式服务流程如图 8-5 所示。

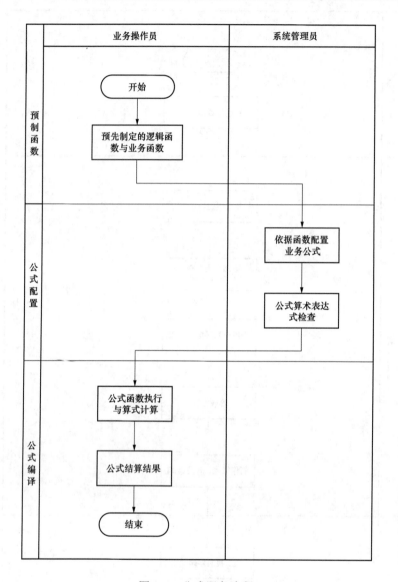

图 8-5　公式服务流程

8.3.2.5　人机界面流程

人机界面针对交易业务特点提供更强的组态化、用户化能力，使系统维护人员能根据业务需求自主调整画面元素及关联的数据，满足日益增长及多变的业务展示与交互需求。人机界面可分为界面设计、页面展示、数据处理 3 部分。人机界面流程如图 8-6 所示。

8.3.2.6　告警服务流程

电力交易平台在实际运行过程中需要对系统平台和业务应用的一些异常运行情况及时进行记录或对用户进行告警，以快速发现定位应用问题，及时排除故障。告警服务可分为告警接口和告警支撑功能两部分。告警服务流程如图 8-7 所示。

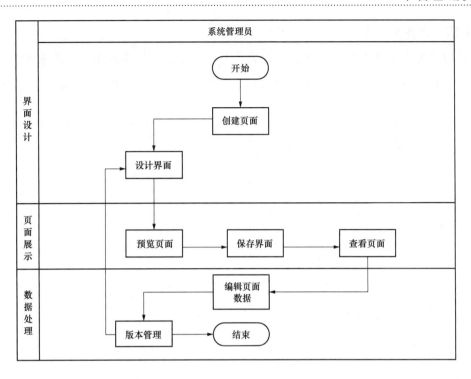

图 8-6　人机界面流程

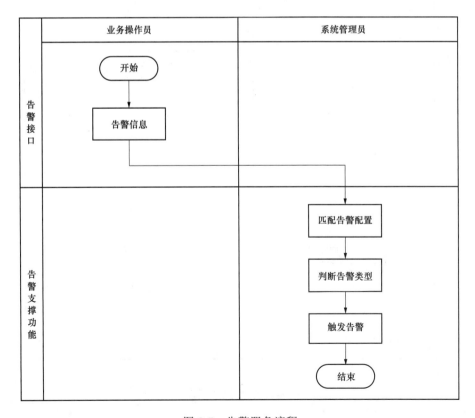

图 8-7　告警服务流程

8.3.2.7　文件服务流程

文件服务提供文件上传、下载、管理等功能，实现文件共享和隔离，改善了系统的性能，提高了数据的可用性，减少了管理的复杂程度。文件服务流程如图 8-8 所示。

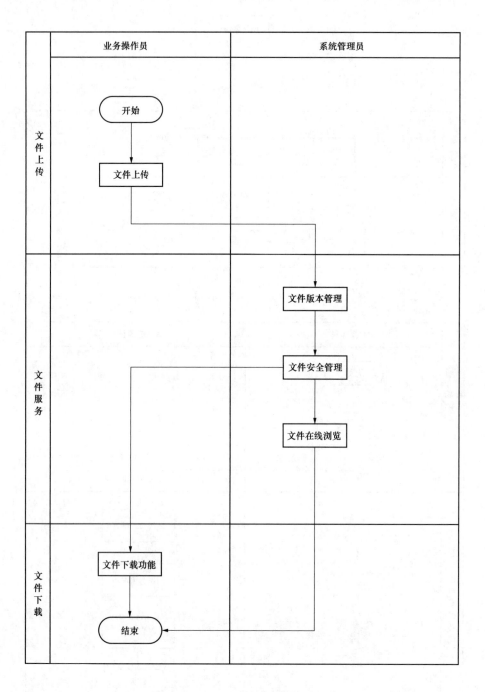

图 8-8　文件服务流程

8.3.2.8 电子签章服务流程

电子签章服务用于在电子文档或电子交易中确保文件的完整性、认证签署人的身份，并具有法律效力。电子签章服务流程如图 8-9 所示。

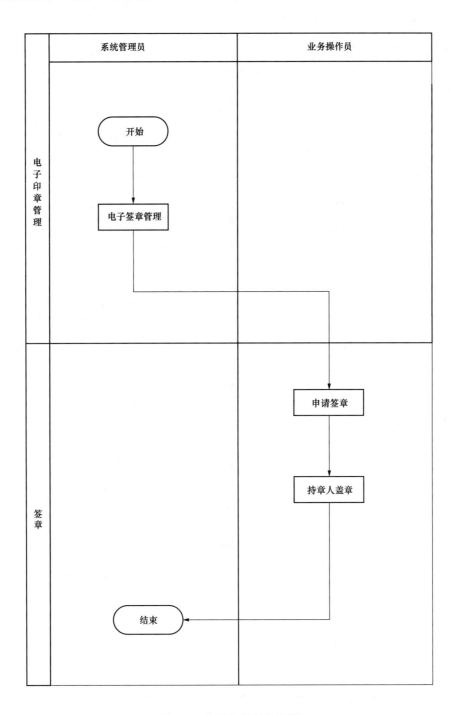

图 8-9　电子签章服务流程

8.3.2.9　数据校验服务流程

数据校验服务对平台中所有人工录入数据、系统操作数据进行自动质量校验，阻止错误数据进入业务处理系统的下个环节，保证系统信息的正确性和可信赖性。数据校验服务流程如图 8-10 所示。

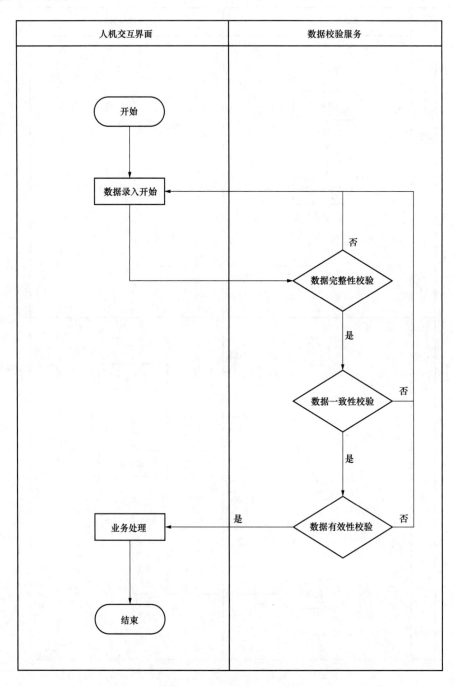

图 8-10　数据校验服务流程

8.3.2.10　数据处理服务流程

数据处理服务提供数据抽取与数据处理的功能。数据处理可分为数据抽取、数据清洗、数据转换 3 部分。数据处理服务流程如图 8-11 所示。

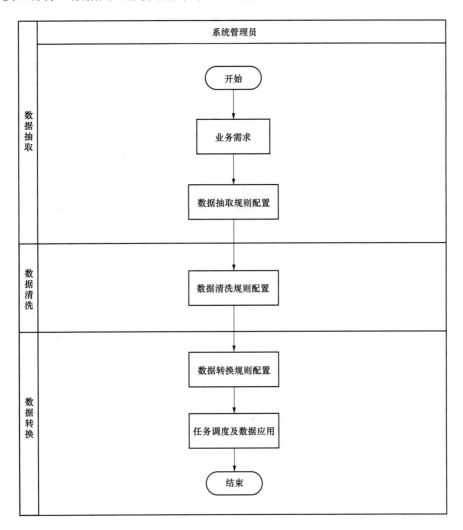

图 8-11　数据处理服务流程

8.3.2.11　定时任务服务流程

定时任务服务提供自动化的任务执行和处理能力。定时任务服务可分为任务设计和任务执行两部分。定时任务服务流程如图 8-12 所示。

8.3.2.12　数据归档和备份服务流程

数据归档、数据备份的目的是保存数据的副本，用于防止因人为错误、系统崩溃和自然灾害造成的数据丢失。数据归档和备份服务流程如图 8-13 所示。

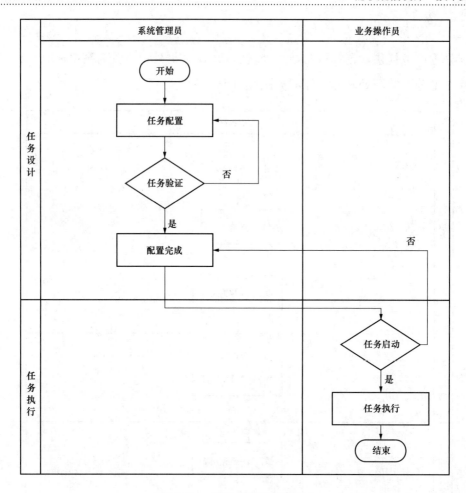

图 8-12　定时任务服务流程

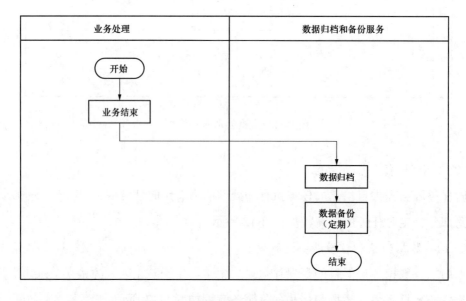

图 8-13　数据归档和备份服务流程

8.3.2.13　主动安全防护服务流程

主动安全防护服务用于通过分析用户的所有请求，并记录危害请求，有利于管理员排查问题。主动安全防护服务流程如图 8-14 所示。

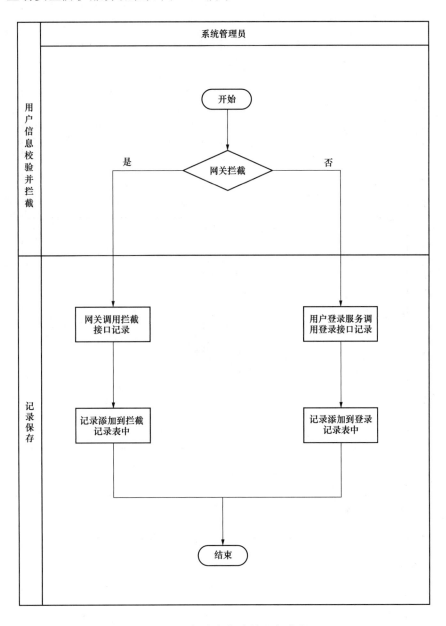

图 8-14　主动安全防护服务流程

8.3.2.14　电网企业数据交互流程

电网企业数据交互流程可分为数据传输设置、解析保存、数据质量管理 3 部分。电网企业数据交互流程如图 8-15 所示。

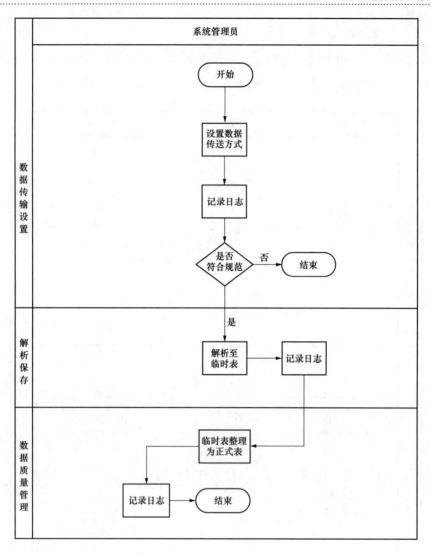

图 8-15　电网企业数据交互流程

8.3.2.15　纵向数据交互流程

纵向数据交互用于北京电力交易中心与各省级电力交易中心数据交互。纵向数据交互流程如图 8-16 所示。

8.3.2.16　市场主体数据交互流程

市场主体数据交互用于与市场主体系统进行数据交互。市场主体数据交互流程如图 8-17 所示。

8.3.2.17　需求提报以及管理流程

需求提报用于业务人员在系统使用过程遇到的问题、改进需求，进行录入。需求提报以及管理流程如图 8-18 所示。

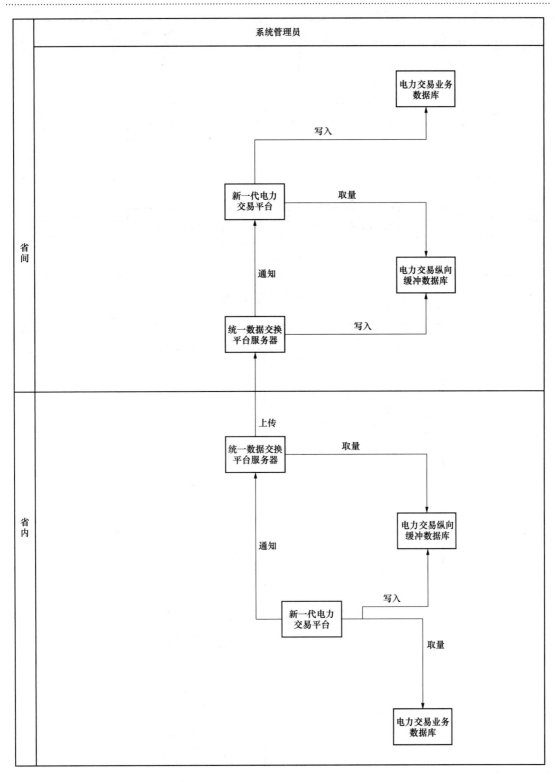

图 8-16　纵向数据交互流程

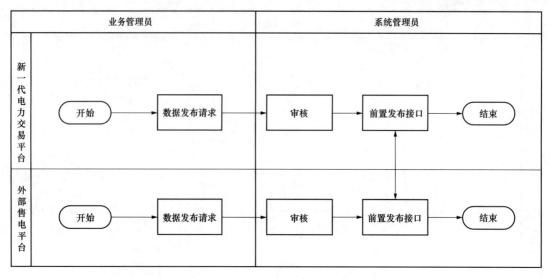

图 8-17　市场主体数据交互流程

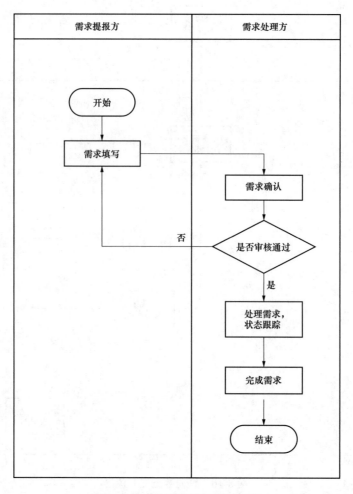

图 8-18　需求提报以及管理流程

8.3.2.18 平台身份认证服务流程

平台身份认证服务，实现市场主体平台身份凭证申请、平台身份凭证管理、平台身份认证。平台身份认证服务流程如图8-19所示。

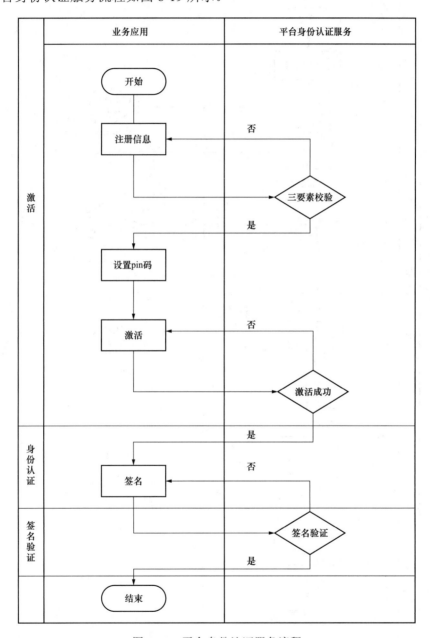

图 8-19　平台身份认证服务流程

8.3.2.19 区块链绿电溯源服务流程

区块链绿电溯源服务是指将绿色电力交易的关键业务数据，通过区块链技术进行加密、存证后，按需开展数据还原、比对的服务。该服务支持扫码进行绿电溯源认证查询功能，实现绿电交易关键业务数据可视化溯源。区块链绿电溯源服务流程如图 8-20 所示。

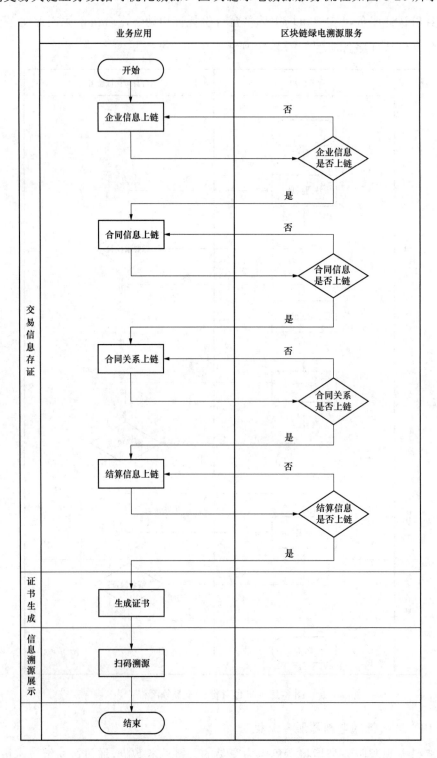

图 8-20　区块链绿电溯源服务流程

8.3.3 业务流程分项说明

8.3.3.1 平台数据模型工具活动清单

平台数据模型工具活动清单包含元数据查询、元属性维护、元数据维护、元数据变更管理、元数据分析，活动清单见表 8-3。

表 8-3 平台数据模型工具活动清单

活动编号	业务活动名称
BS-BP-BD-JCZC-0101-0001	元数据查询
BS-BP-BD-JCZC-0101-0002	元属性维护
BS-BP-BD-JCZC-0101-0003	元数据维护
BS-BP-BD-JCZC-0101-0004	元数据变更管理
BS-BP-BD-JCZC-0101-0005	元数据分析

元数据查询活动详情见表 8-4。

表 8-4 BS-BP-BD-JCZC-0101-0001 元数据查询

活动编号	BS-BP-BD-JCZC-0101-0001	活动名称	元数据查询
使用组织单元	交易中心	使用岗位编号	G2002
活动描述	支撑多维度的元数据检索和快速定位及模糊查询功能，并能高效查询列出基础信息和关联信息		
输入业务信息编号	BI-BD-JCZC-0031		
输出业务信息编号	BI-BD-JCZC-0031、BI-BD-JCZC-0032、BI-BD-JCZC-0033		
业务步骤/业务规则	根据具体相关业务需求，锁定目标元数据；根据元数据查询入口录入查询条件并查询；元数据相关信息查看		
非功能要求	查询项非空		

元属性维护活动详情见表 8-5。

表 8-5 BS-BP-BD-JCZC-0101-0002 元属性维护

活动编号	BS-BP-BD-JCZC-0101-0002	活动名称	元属性维护
使用组织单元	交易中心	使用岗位编号	G2002

续表

活动描述	提供元数据属性维护，定义元数据对应属性，元数据属性包括所属业务类、业务项、业务子项、业务场景、数据索引编号、时间标志，并可扩展
输入业务信息编号	BI-BD-JCZC-0026、BI-BD-JCZC-0027、BI-BD-JCZC-0032
输出业务信息编号	BI-BD-JCZC-0026、BI-BD-JCZC-0027、BI-BD-JCZC-0032
业务步骤/业务规则	根据具体相关业务需求，锁定目标元模型；根据元模型查询入口录入查询条件并查询；添加或删除元属性；通过元数据查询入口确认元属性是否生效
非功能要求	元属性名称非空

元数据维护活动详情见表8-6。

表8-6　　　　　　　　　　　　**BS-BP-BD-JCZC-0101-0003 元数据维护**

活动编号	BS-BP-BD-JCZC-0101-0003	活动名称	元数据维护
使用组织单元	交易中心	使用岗位编号	G2002
活动描述	具备元数据基础维护功能，采用"定义数据的数据"思想开展元数据功能管理，实现元数据基础维护功能		
输入业务信息编号	BI-BD-JCZC-0031、BI-BD-JCZC-0032		
输出业务信息编号	BI-BD-JCZC-0031、BI-BD-JCZC-0032		
业务步骤/业务规则	根据具体相关业务需求，锁定目标元数据进行删改/新增操作；填写相关元数据信息；通过元数据查询入口确认对元数据的增改删操作是否生效		
非功能要求	必填项非空		

元数据变更管理活动详情见表8-7。

表8-7　　　　　　　　　　　　**BS-BP-BD-JCZC-0101-0004 元数据变更管理**

活动编号	BS-BP-BD-JCZC-0101-0004	活动名称	元数据变更管理
使用组织单元	交易中心	使用岗位编号	G2002
活动描述	具备提供元数据变更数据管理功能，并对所有元数据进行版本管理，具备提供历史备查功能，具备变更日志记录功能		
输入业务信息编号	BI-BD-JCZC-0031		

续表

输出业务信息编号	BI-BD-JCZC-0031、BI-BD-JCZC-0032
业务步骤/业务规则	根据具体相关业务需求，锁定目标元数据进行删改/新增操作；填写相关元数据信息；通过元数据变更管理查询入口能够查看元数据的历史变更版本
非功能要求	—

元数据分析活动详情见表8-8。

表8-8 　　　　　　　　　　**BS-BP-BD-JCZC-0101-0005 元数据分析**

活动编号	BS-BP-BD-JCZC-0101-0005	活动名称	元数据分析
使用组织单元	交易中心	使用岗位编号	G2002
活动描述	主要对元数据整体情况，具体元数据关联关系进行分析		
输入业务信息编号	BI-BD-JCZC-0031		
输出业务信息编号	BI-BD-JCZC-0031、BI-BD-JCZC-0033		
业务步骤/业务规则	根据具体相关业务需求，锁定目标元数据通过元数据分析入口进行查询；能够查看元数据的关联关系，包含血缘分析、影响分析		
非功能要求	—		

8.3.3.2　市场模型匹配工具活动清单

市场模型匹配工具活动清单包含物理模型管理，活动清单见表8-9。

表8-9 　　　　　　　　　　　**市场模型匹配工具活动清单**

活动编号	业务活动名称
BS-BP-BD-JCZC-0102-0001	物理模型管理

物理模型管理活动详情见表8-10。

表8-10 　　　　　　　　　　**BS-BP-BD-JCZC-0102-0001 物理模型管理**

活动编号	BS-BP-BD-JCZC-0102-0001	活动名称	物理模型管理
使用组织单元	交易中心	使用岗位编号	G2002
活动描述	首先由系统管理员创建物理模型，然后选择交易端机组数据进行映射，之后选择调度端机组数据进行匹配，若匹配无误则确定完成匹配，有误则重新进行物理模型创建		

输入业务信息编号	—
输出业务信息编号	—
业务步骤/业务规则	提供物理模型创建工具，实现物理模型高效创建和维护的基础支撑能力。创建与电力调度侧对应的电力交易物理模型能力，实现调度端物理模型与交易端物理模型的映射，全面支持现货交易。具备按照现货交易的需要，对发生数据交互的物理模型进行名称的映射关系管理，实现规范的模型命名和映射关系管理功能
非功能要求	—

8.3.3.3　报表服务活动清单

报表服务活动清单包含报表设计、报表预览、报表导出，活动清单见表 8-11。

表 8-11　　　　　　　　　　　　　　**报表服务活动清单**

活动编号	业务活动名称
BS-BP-BD-JCZC-0103-0001	报表设计
BS-BP-BD-JCZC-0103-0002	报表预览
BS-BP-BD-JCZC-0103-0003	报表导出

报表设计活动详情见表 8-12。

表 8-12　　　　　　　　　　**BS-BP-BD-JCZC-0103-0001 报表设计**

活动编号	BS-BP-BD-JCZC-0103-0001	活动名称	报表设计
使用组织单元	交易中心	使用岗位编号	G2002
活动描述	首先连接数据源，建立主表、子表，添加主表到报表信息表，给用户配置报表权限，然后对报表参数进行设置，并设置格式，最后完成报表设计		
输入业务信息编号	—		
输出业务信息编号	—		
业务步骤/业务规则	快速准确提供的统计分析报表，满足多维报表、数据分析、数据可视化；报表须支持各种常用的关系数据源，数据来源广泛；支持多种展示方式（FLASH、HTML、PDF、WORD、EXCEL 等）。提供报表设计功能，为报表开发者进行设计开发的工具，开发者在该区域进行各种报表配置开发。如表格报表、交叉表、图形报表、图表报表、自由格式报表等		
非功能要求	—		

报表预览活动详情见表 8-13。

表 8-13 　　　　　　　　　　　**BS-BP-BD-JCZC-0103-0002 报表预览**

活动编号	BS-BP-BD-JCZC-0103-0002	活动名称	报表预览
使用组织单元	交易中心	使用岗位编号	G2002
活动描述	通过报表设计流程，可针对设计好的报表进行预览		
输入业务信息编号	—		
输出业务信息编号	—		
业务步骤/业务规则	智能报表开发者对设计过的报表直接进行预览，查看是否满足业务要求，最终成果支持在 PC 端、移动端、大屏进行展示		
非功能要求	—		

报表导出活动详情见表 8-14。

表 8-14 　　　　　　　　　　　**BS-BP-BD-JCZC-0103-0003 报表导出**

活动编号	BS-BP-BD-JCZC-0103-0003	活动名称	报表导出
使用组织单元	交易中心	使用岗位编号	G2002
活动描述	通过报表设计，预览报表时，可对该报表进行导出		
输入业务信息编号	—		
输出业务信息编号	—		
业务步骤/业务规则	通过报表导出功能，提供系统生成的各类报表导出或定制化地导出指定格式报表，以供用户查看		
非功能要求	—		

8.3.3.4　人机界面活动清单

人机界面活动清单包含界面设计，活动清单见表 8-15。

表 8-15 　　　　　　　　　　　　　**人机界面活动清单**

活动编号	业务活动名称
BS-BP-BD-JCZC-0106-0001	界面设计

界面设计活动详情见表 8-16。

表 8-16　　　　　　　　　　　**BS-BP-BD-JCZC-0106-0001 界面设计**

活动编号	BS-BP-BD-JCZC-0106-0001	活动名称	界面设计
使用组织单元	交易中心	使用岗位编号	G2002
活动描述	界面设计由系统管理员创建页面并进行设计页面，然后预览页面、保存界面、查看页面，最后编辑页面数据、维护版本，结束流程		
输入业务信息编号	—		
输出业务信息编号	—		
业务步骤/业务规则	1. 提供界面管理功能。以目录的形式管理设计的界面，转存历史版本维护功能；提供历史版本管理功能，能够实现历史版本的查询、删除和对当前版本的覆盖等功能。 　提供界面编辑器。可在界面编辑器中进行界面的新建设计和编辑设计，对设计的界面能够进行保存和已保存界面的展现。 　提供常用展示控件的图元。如布局、静态文本、单行文本输入框、日期输入框、多行文本输入框、下拉框、单选框、复选框、表格、按钮等。 　以拖拽方式完成页面布局的设计。用户通过拖拽控件图元的方式将各种控件摆放至页面中。 2. 实现页面布局和控件展示。可以按照界面编辑器中设计的界面进行展示。 3. 按照绑定的数据集进行控件与数据的关联，能够进行数据的展示和更新操作		
非功能要求	—		

8.3.3.5　告警服务活动清单

告警服务活动清单包含告警接口服务功能，活动清单见表 8-17。

表 8-17　　　　　　　　　　　　　**告警服务活动清单**

活动编号	业务活动名称
BS-BP-BD-JCZC-0107-0001	告警接口服务功能

告警接口服务功能活动详情见表 8-18。

表 8-18　　　　　　　　　　**BS-BP-BD-JCZC-0107-0001 告警接口服务功能**

活动编号	BS-BP-BD-JCZC-0107-0001	活动名称	告警接口服务
使用组织单元	交易中心	使用岗位编号	G2002

活动描述	告警服务由告警接口和告警支撑功能组成。首先由业务操作员捕获告警信息，然后由系统管理员匹配告警配置并判断告警类型，最后触发告警，结束流程
输入业务信息编号	BI-BD-JCZC-0019
输出业务信息编号	BI-BD-JCZC-0019
业务步骤/业务规则	传入告警参数，调用告警服务接口，执行相应告警动作
非功能要求	—

8.3.3.6 文件服务活动清单

文件服务活动清单包含文件上传、下载功能、文件版本管理、文件共享功能、文件在线浏览、文件安全管理，活动清单见表8-19。

表8-19 文件服务活动清单

活动编号	业务活动名称
BS-BP-BD-JCZC-0108-0001	文件上传
BS-BP-BD-JCZC-0108-0002	下载功能
BS-BP-BD-JCZC-0108-0003	文件版本管理
BS-BP-BD-JCZC-0108-0004	文件共享功能
BS-BP-BD-JCZC-0108-0005	文件在线浏览
BS-BP-BD-JCZC-0108-0006	文件安全管理

文件上传活动详情见表8-20。

表8-20 **BS-BP-BD-JCZC-0108-0001 文件上传**

活动编号	BS-BP-BD-JCZC-0108-0001	活动名称	文件上传
使用组织单元	交易中心	使用岗位编号	G2002
活动描述	可通过业务界面或文件管理页面进行文件上传		
输入业务信息编号	—		
输出业务信息编号	—		
业务步骤/业务规则	图片、视频、文本、音频文件的上传		
非功能要求	支持大文件上传和存储		

下载功能活动详情见表 8-21。

表 8-21　　　　　　　　　　　　　　　BS-BP-BD-JCZC-0108-0002 下载功能

活动编号	BS-BP-BD-JCZC-0108-0002	活动名称	下载
使用组织单元	交易中心	使用岗位编号	G2002
活动描述	可通过业务界面或文件管理页面进行文件下载		
输入业务信息编号	—		
输出业务信息编号	—		
业务步骤/业务规则	图片、视频、文本、音频文件的下载		
非功能要求	—		

文件版本管理活动详情见表 8-22。

表 8-22　　　　　　　　　　　　　　　BS-BP-BD-JCZC-0108-0003 文件版本管理

活动编号	BS-BP-BD-JCZC-0108-0003	活动名称	文件版本管理
使用组织单元	交易中心	使用岗位编号	G2002
活动描述	相同名称的文件进行多次上传会对其进行文件版本管理，最后上传的一次为最新版		
输入业务信息编号	—		
输出业务信息编号	—		
业务步骤/业务规则	对同文件的不同版本进行存储		
非功能要求	历史版本可追踪		

文件共享功能活动详情见表 8-23。

表 8-23　　　　　　　　　　　　　　　BS-BP-BD-JCZC-0108-0004 文件共享功能

活动编号	BS-BP-BD-JCZC-0108-0004	活动名称	文件共享
使用组织单元	交易中心	使用岗位编号	G2002
活动描述	当对文件进行下载时，需要获取文件共享信息，然后对其进行下载		
输入业务信息编号	—		
输出业务信息编号	—		
业务步骤/业务规则	不同应用对同一文件读取和写入		
非功能要求	—		

文件在线浏览活动详情见表 8-24。

表 8-24　　　　　　　　　　　　**BS-BP-BD-JCZC-0108-0005 文件在线浏览**

活动编号	BS-BP-BD-JCZC-0108-0005	活动名称	文件在线浏览
使用组织单元	交易中心	使用岗位编号	G2002
活动描述	业务页面对业务文件需要预览时，接入文件在线浏览接口，可在系统内部直接对文件进行预览		
输入业务信息编号	—		
输出业务信息编号	—		
业务步骤/业务规则	用户在线预览文件		
非功能要求			

文件安全管理活动详情见表 8-25。

表 8-25　　　　　　　　　　　　**BS-BP-BD-JCZC-0108-0006 文件安全管理**

活动编号	BS-BP-BD-JCZC-0108-0006	活动名称	文件安全管理
使用组织单元	交易中心	使用岗位编号	G2002
活动描述	对上传到中间件上的文件进行重命名、去除文件类型，管理文件浏览、下载权限等方式保障文件安全		
输入业务信息编号	—		
输出业务信息编号	—		
业务步骤/业务规则	管理文件浏览、下载权限		
非功能要求	—		

8.3.3.7　电子签章服务活动清单

电子签章服务活动清单包含电子印章管理功能和签章功能，活动清单见表 8-26。

表 8-26　　　　　　　　　　　　　**电子签章服务活动清单**

活动编号	业务活动名称
BS-BP-BD-JCZC-0109-0001	电子印章管理功能
BS-BP-BD-JCZC-0109-0002	签章功能

电子印章管理功能活动详情见表 8-27。

表 8-27　　　　　　　　　**BS-BP-BD-JCZC-0109-0001 电子印章管理功能**

活动编号	BS-BP-BD-JCZC-0109-0001	活动名称	电子印章管理功能
使用组织单元	交易中心	使用岗位编号	G2002
活动描述	对系统中的电子印章进行管理，包括电子印章的申请、审批、发放流程管理，用户对本单位电子印章的新增、删除、修改等操作		
输入业务信息编号	BI-BD-JCZC-0001		
输出业务信息编号	BI-BD-JCZC-0001		
业务步骤/业务规则	电子印章的申请、审批、发放流程管理		
非功能要求	提供 USBKey，存储电子印章数字证书、私钥等信息		

签章功能活动详情见表 8-28。

表 8-28　　　　　　　　　**BS-BP-BD-JCZC-0109-0002 签章功能**

活动编号	BS-BP-BD-JCZC-0109-0002	活动名称	签章功能
使用组织单元	交易中心	使用岗位编号	G2002
活动描述	电子签章服务采用数字证书，运用电子印章技术和电子签名技术，加盖在文档上的电子签章中，嵌入了所签文档的数字签名信息，从而保证文档的真实性、唯一性		
输入业务信息编号	BI-BD-JCZC-0002		
输出业务信息编号	BI-BD-JCZC-0001		
业务步骤/业务规则	电子签章服务采用数字证书，运用电子印章技术和电子签名技术，加盖在文档上的电子签章中		
非功能要求	支持在多种文本格式中实现签章应用		

8.3.3.8　数据校验服务活动清单

数据校验服务活动清单包含获取数据、数据及时性校验、数据完整性校验、数据一致性校验、数据有效性校验、数据校验结果，活动清单见表 8-29。

表 8-29　　　　　　　　　**数据校验服务活动清单**

活动编号	业务活动名称
BS-BP-BD-JCZC-0110-0001	获取数据
BS-BP-BD-JCZC-0110-0002	数据及时性校验
BS-BP-BD-JCZC-0110-0003	数据完整性校验

续表

活动编号	业务活动名称
BS-BP-BD-JCZC-0110-0004	数据一致性校验
BS-BP-BD-JCZC-0110-0005	数据有效性校验
BS-BP-BD-JCZC-0110-0006	数据校验结果

获取数据活动详情见表8-30。

表 8-30　　　　　　　**BS-BP-BD-JCZC-0110-0001 获取数据**

活动编号	BS-BP-BD-JCZC-0110-0001	活动名称	获取数据
使用组织单元	交易中心	使用岗位编号	G2002
活动描述	人工录入数据或者通过横纵向交互获取数据		
输入业务信息编号	人工录入的数据、BI-BD-JCZC-0012、BI-BD-JCZC-0013、BI-BD-JCZC-0015、BI-BD-JCZC-0016、BI-BD-JCZC-0017		
输出业务信息编号	—		
业务步骤/业务规则	根据具体相关业务，人工完成相关业务数据录入工作；根据业务规则，系统通过横纵向交互获得数据		
非功能要求	数据非空		

数据及时性校验活动详情见表8-31。

表 8-31　　　　　　　**BS-BP-BD-JCZC-0110-0002 数据及时性校验**

活动编号	BS-BP-BD-JCZC-0110-0002	活动名称	数据及时性校验
使用组织单元	交易中心	使用岗位编号	G2002
活动描述	数据及时性校验		
输入业务信息编号	BI-BD-JCZC-0005		
输出业务信息编号	BI-BD-JCZC-0006		
业务步骤/业务规则	对系统交互服务接收的全部横、纵向交互数据，需对数据接收时间、接收延迟时间等及时性信息进行校验。并将校验结果传入校验结果信息表中		
非功能要求	数据非空；数据接收时间、延迟时间		

数据完整性校验活动详情见表 8-32。

表 8-32　　　　　　　　　　　　**BS-BP-BD-JCZC-0110-0003 数据完整性校验**

活动编号	BS-BP-BD-JCZC-0110-0003	活动名称	数据完整性校验
使用组织单元	交易中心	使用岗位编号	G2002
活动描述	对通过数据及时性校验的横纵向交互数据或者人工录入的数据进行数据完整性校验		
输入业务信息编号	BI-BD-JCZC-0005		
输出业务信息编号	BI-BD-JCZC-0006		
业务步骤/业务规则	对人机界面录入的数据，系统交互服务接收的全部横、纵向交互数据，进行信息完整性校验，主要包括数据项非空、必填项非空、实体不缺失、字段值不缺失等方面。将数据校验结果信息传入校验结果表中		
非功能要求	数据项非空		

数据一致性校验活动详情见表 8-33。

表 8-33　　　　　　　　　　　　**BS-BP-BD-JCZC-0110-0004 数据一致性校验**

活动编号	BS-BP-BD-JCZC-0110-0004	活动名称	数据一致性校验
使用组织单元	交易中心	使用岗位编号	G2002
活动描述	对通过数据完整性校验的数据进行数据一致性校验		
输入业务信息编号	BI-BD-JCZC-0005		
输出业务信息编号	BI-BD-JCZC-0006		
业务步骤/业务规则	对通过数据完整性校验的数据，判断数据是否与来源地保持一致，各个存储路径下的数据是否保持一致。并将校验结果存入校验结果信息表中		
非功能要求	多个来源的数据可获取到		

数据有效性校验活动详情见表 8-34。

表 8-34　　　　　　　　　　　　**BS-BP-BD-JCZC-0110-0005 数据有效性校验**

活动编号	BS-BP-BD-JCZC-0110-0005	活动名称	数据有效性校验
使用组织单元	交易中心	使用岗位编号	G2002
活动描述	对通过数据一致性校验的数据进行数据有效性校验		
输入业务信息编号	BI-BD-JCZC-0005		

续表

输出业务信息编号	BI-BD-JCZC-0006
业务步骤/业务规则	对通过一致性校验的数据，判断数据类型是否正确、数据是否越限、数据是否满足业务规则。并将校验结果存入校验结果信息表中
非功能要求	设定需要满足的数据正确性的业务规则

数据校验结果活动详情见表8-35。

表 8-35 **BS-BP-BD-JCZC-0110-0006 数据校验结果**

活动编号	BS-BP-BD-JCZC-0110-0006	活动名称	数据校验结果
使用组织单元	交易中心	使用岗位编号	G2002
活动描述	存储各种数据校验类型的校验结果		
输入业务信息编号	BI-BD-JCZC-0006		
输出业务信息编号	—		
业务步骤/业务规则	将接收到的各个类型的数据校验结果进行存储		
非功能要求	—		

8.3.3.9 数据处理服务活动清单

数据处理服务活动清单包含数据抽取、数据清洗、数据转换，活动清单见表8-36。

表 8-36 **数据处理服务活动清单**

活动编号	业务活动名称
BS-BP-BD-JCZC-0112-0001	数据抽取
BS-BP-BD-JCZC-0112-0002	数据清洗
BS-BP-BD-JCZC-0112-0003	数据转换

数据抽取活动详情见表8-37。

表 8-37 **BS-BP-BD-JCZC-0112-0001 数据抽取**

活动编号	BS-BP-BD-JCZC-0112-0001	活动名称	数据抽取
使用组织单元	交易中心	使用岗位编号	G2002
活动描述	支持数据抽取相关规则配置及抽取脚本管理		

续表

输入业务信息编号	BI-BD-JCZC-0034
输出业务信息编号	BI-BD-JCZC-0034
业务步骤/业务规则	根据具体相关业务需求，配置数据抽取规则；将数据抽取规则与对应规则集关联；将规则集与对应调度任务关联；执行调度任务并应用处理结果
非功能要求	必填项非空

数据清洗活动详情见表 8-38。

表 8-38　　　　　　　　**BS-BP-BD-JCZC-0112-0002 数据清洗**

活动编号	BS-BP-BD-JCZC-0112-0002	活动名称	数据清洗
使用组织单元	交易中心	使用岗位编号	G2002
活动描述	支持数据清洗相关规则配置及清洗脚本管理		
输入业务信息编号	BI-BD-JCZC-0034		
输出业务信息编号	BI-BD-JCZC-0034		
业务步骤/业务规则	根据具体相关业务需求，配置数据清洗规则；将数据清洗规则与对应规则集关联；将规则集与对应调度任务关联；执行调度任务并应用处理结果		
非功能要求	必填项非空		

数据转换活动详情见表 8-39。

表 8-39　　　　　　　　**BS-BP-BD-JCZC-0112-0003 数据转换**

活动编号	BS-BP-BD-JCZC-0112-0003	活动名称	数据转换
使用组织单元	交易中心	使用岗位编号	G2002
活动描述	支持数据转换相关规则配置及转换脚本管理		
输入业务信息编号	BI-BD-JCZC-0034		
输出业务信息编号	BI-BD-JCZC-0034		
业务步骤/业务规则	根据具体相关业务需求，配置数据转换规则；将数据转换规则与对应规则集关联；将规则集与对应调度任务关联；执行调度任务并应用处理结果		
非功能要求	必填项非空		

8.3.3.10 定时任务服务活动清单

定时任务服务活动清单包含定时任务，活动清单见表8-40。

表 8-40 定时任务服务活动清单

活动编号	业务活动名称
BS-BP-BD-JCZC-0113-0001	定时任务

定时任务活动详情见表8-41。

表 8-41 **BS-BP-BD-JCZC-0113-0001 定时任务**

活动编号	BS-BP-BD-JCZC-0113-0001	活动名称	定时任务
使用组织单元	交易中心	使用岗位编号	G2002
活动描述	定时任务分为定时任务设计和任务执行两部分组成。首先由管理员配置定时任务，然后进行任务校验，完成配置，之后由业务操作员启动定时任务，然后任务执行，结束流程		
输入业务信息编号	—		
输出业务信息编号	—		
业务步骤/业务规则	定时任务能够进行任务的新建、编辑、配置；能够设定任务的自动执行机制，如按时间间隔执行、指定时间执行等		
非功能要求	—		

8.3.3.11 数据归档和备份服务活动清单

数据归档和备份服务活动清单包含数据归档和数据备份，活动清单见表8-42。

表 8-42 数据归档和备份服务活动清单

活动编号	业务活动名称
BS-BP-BD-JCZC-0114-0001	数据归档
BS-BP-BD-JCZC-0114-0002	数据备份

数据归档活动详情见表8-43。

表 8-43 **BS-BP-BD-JCZC-0114-0001 数据归档**

活动编号	BS-BP-BD-JCZC-0114-0001	活动名称	数据归档
使用组织单元	交易中心	使用岗位编号	G2002

续表

活动描述	数据归档流程，对电力交易平台产生的数据进行压缩、加密、标记索引
输入业务信息编号	—
输出业务信息编号	—
业务步骤/业务规则	数据归档是将经电力交易平台产生、处理、存储数据和信息以系统、科学的管理方式进行长期的保存，主要用于耗时较长、涉及场景较多的统计、分析类业务
非功能要求	—

数据备份活动详情见表 8-44。

表 8-44　　　　　　　　BS-BP-BD-JCZC-0114-0002 数据备份

活动编号	BS-BP-BD-JCZC-0114-0002	活动名称	数据备份
使用组织单元	交易中心	使用岗位编号	G2002
活动描述	数据备份流程，对归档的数据移动，并备份		
输入业务信息编号	—		
输出业务信息编号	—		
业务步骤/业务规则	数据备份是指保存数据的副本，用于防止因人为错误、系统崩溃和自然灾害造成的数据丢失。当原始数据丢失时，可以通过获取数据副本来获得想要的数据，以确保业务连续性，或者在业务中断时能够以最短的时间得到恢复		
非功能要求	—		

8.3.3.12　主动安全防护服务活动清单

主动安全防护服务活动清单包含拦截记录，活动清单见表 8-45。

表 8-45　　　　　　　　主动安全防护服务活动清单

活动编号	业务活动名称
BS-BP-BD-JCZC-0115-0001	拦截记录

拦截记录活动详情见表 8-46。

表 8-46　　　　　　　　BS-BP-BD-JCZC-0115-0001 拦截记录

活动编号	BS-BP-BD-JCZC-0115-0001	活动名称	拦截记录
使用组织单元	交易中心	使用岗位编号	G2002

续表

活动描述	主动安全防护服务由用户信息拦截校验和记录保存两部分组成。首先由网关拦截，拦截到的调用记录记录到拦截记录表中，未拦截的信息，记录到登录记录表中，最后结束流程
输入业务信息编号	—
输出业务信息编号	—
业务步骤/业务规则	对于用户使用工具进行请求的非法请求，能够进行请求拦截
非功能要求	

8.3.3.13　电网企业数据交互活动清单

电网企业数据交互活动清单包含市场化售电业务应用系统数据集成、调度技术支持系统数据集成、电费结算应用系统数据集成，活动清单见表8-47。

表 8-47　　　　　　　　　　　电网企业数据交互活动清单

活动编号	业务活动名称
BS-BP-BD-JCZC-0116-0001	市场化售电业务应用系统数据集成
BS-BP-BD-JCZC-0116-0002	调度技术支持系统数据集成
BS-BP-BD-JCZC-0116-0003	电费结算应用系统数据集成

市场化售电业务应用系统数据集成活动详情见表8-48。

表 8-48　　　　BS-BP-BD-JCZC-0116-0001 市场化售电业务应用系统数据集成

活动编号	BS-BP-BD-JCZC-0116-0001	活动名称	市场化售电业务应用系统数据集成
使用组织单元	交易中心	使用岗位编号	G2002
活动描述	与市场化售电业务应用系统数据集成		
输入业务信息编号	—		
输出业务信息编号	—		
业务步骤/业务规则	发起方将数据同步到营销基础数据平台的数据交互区，再向接收方发送数据同步消息。接收方将中间库数据同步到本系统的数据库，并更新消息判断状态		
非功能要求	—		

调度技术支持系统数据集成活动详情见表8-49。

表 8-49　　　　　　　**BS-BP-BD-JCZC-0116-0002 调度技术支持系统数据集成**

活动编号	BS-BP-BD-JCZC-0116-0002	活动名称	调度技术支持系统数据集成
使用组织单元	交易中心	使用岗位编号	G2002
活动描述	调度技术支持系统数据集成		
输入业务信息编号	—		
输出业务信息编号	—		
业务步骤/业务规则	新一代省内电力交易平台与调度技术支持系统通过邮件服务实现新一代电力交易平台与调度相关系统的数据集成，由交易侧数据集成服务通过消息邮件发送数据至调度侧相关系统		
非功能要求	—		

电费结算应用系统数据集成活动详情见表 8-50。

表 8-50　　　　　　　**BS-BP-BD-JCZC-0116-0003 电费结算应用系统数据集成**

活动编号	BS-BP-BD-JCZC-0116-0003	活动名称	电费结算应用系统数据集成
使用组织单元	交易中心	使用岗位编号	G2002
活动描述	与电费结算应用系统数据集成		
输入业务信息编号	—		
输出业务信息编号	—		
业务步骤/业务规则	新一代省内电力交易平台与电费结算应用系统集成通过非结构化平台传输数据文件，通过企业服务总线（ESB）注册 Web Service 接口服务进行通知回执，数据中存在非结构化文件时，也通过非结构化平台传输非结构化文件		
非功能要求	—		

8.3.3.14　纵向数据交互活动清单

纵向数据交互活动清单包含纵向数据交互，活动清单见表 8-51。

表 8-51　　　　　　　　　　　　　　**纵向数据交互活动清单**

活动编号	业务活动名称
BS-BP-BD-JCZC-0117-0001	纵向数据交互

纵向数据交互活动详情见表 8-52。

表 8-52　　　　　　　　　　　**BS-BP-BD-JCZC-0117-0001 纵向数据交互**

活动编号	BS-BP-BD-JCZC-0117-0001	活动名称	纵向数据交互
使用组织单元	交易中心	使用岗位编号	G2002
活动描述	纵向数据交互由发起侧新一代电力交易平台从业务数据库获取数据，写入纵向缓存数据库，统一数据交换平台服务器从缓存数据库获取数据，并传输到接收侧统一数据交换平台服务器，并写入缓存数据库，然后通知接收侧电力交易平台获取数据，获取数据后写入业务数据库，纵向数据交互流程结束		
输入业务信息编号	—		
输出业务信息编号	—		
业务步骤/业务规则	新一代电力交易平台读取电力交易业务数据库，写入电力交易缓冲数据库。新一代电力交易平台通知统一数据交换平台，传输相关纵向数据。统一数据交换平台读取电力交易缓冲数据库并将数据纵向传输对端电力交易缓冲数据库。统一数据交换平台通知新一代电力交易平台纵向数据到达。新一代电力交易平台根据业务需求将电力交易纵向缓冲数据库数据写入正式库		
非功能要求	—		

8.3.3.15　市场主体数据交互活动清单

市场主体数据交互活动清单包含平台发布接口和平台接入接口，活动清单见表 8-53。

表 8-53　　　　　　　　　　　**市场主体数据交互活动清单**

活动编号	业务活动名称
BS-BP-BD-JCZC-0118-0001	平台发布接口
BS-BP-BD-JCZC-0118-0002	平台接入接口

平台发布接口活动详情见表 8-54。

表 8-54　　　　　　　　　　　**BS-BP-BD-JCZC-0118-0001 平台发布接口**

活动编号	BS-BP-BD-JCZC-0118-0001	活动名称	平台发布接口
使用组织单元	交易中心	使用岗位编号	G2002
活动描述	平台发布接口由业务管理员发布数据请求，系统管理员进行审核，发布前置接口，结束流程		
输入业务信息编号	—		

续表

输出业务信息编号	—
业务步骤/业务规则	编制发布数据项的内容以及时间频度
非功能要求	通信通道应支持加密，发布信息应严格按照发布规范进行

平台接入接口活动详情见表 8-55。

表 8-55　　　　　　　　　　BS-BP-BD-JCZC-0118-0002 平台接入接口

活动编号	BS-BP-BD-JCZC-0118-0002	活动名称	平台接入接口
使用组织单元	交易中心	使用岗位编号	G2002
活动描述	业务管理员发起数据接入请求，系统管理员进行审核，接入接口，结束流程		
输入业务信息编号	—		
输出业务信息编号	—		
业务步骤/业务规则	管理接入市场主体数据接口的数据内容和属性		
非功能要求	接入应严格按照相关安全防护要求开展		

8.3.3.16　需求提报以及管理活动清单

需求提报以及管理活动清单包含需求提报和需求处理，活动清单见表 8-56。

表 8-56　　　　　　　　　　需求提报以及管理活动清单

活动编号	业务活动名称
BS-BP-BD-JCZC-0120-0001	需求提报
BS-BP-BD-JCZC-0120-0002	需求处理

需求提报活动详情见表 8-57。

表 8-57　　　　　　　　　　BS-BP-BD-JCZC-0120-0001 需求提报

活动编号	BS-BP-BD-JCZC-0120-0001	活动名称	需求提报
使用组织单元	交易中心	使用岗位编号	G2002
活动描述	需求提报方登录电力交易平台，填写需求，并提交，完成需求提报		
输入业务信息编号	—		

续表

输出业务信息编号	—
业务步骤/业务规则	技术中心技术部业务岗位，提出需求，填写需求名称、需求描述、需求等级、预期解决时间信息并提报。提报过后，通过技术部确认，状态变更为激活
非功能要求	基本提交操作响应时间：业务正常时<2s，业务高峰时<3s

需求处理活动详情见表8-58。

表8-58　　　　　　　　　　**BS-BP-BD-JCZC-0120-0002 需求处理**

活动编号	BS-BP-BD-JCZC-0120-0002	活动名称	需求处理
使用组织单元	交易中心	使用岗位编号	G2002
活动描述	需求处理方进行需求确认，确认后修改需求状态，处理需求，并对状态进行跟踪，完成需求后，结束流程		
输入业务信息编号	—		
输出业务信息编号	—		
业务步骤/业务规则	技术中心技术部技术人员，对需求进行处理并更新状态，状态分为设计、测试、已完成		
非功能要求	基本提交操作响应时间：业务正常时<2s，业务高峰时<3s		

8.4 业 务 活 动

8.4.1 平台基础支撑业务活动清单

平台基础支撑业务活动层级如图8-21所示。

平台基础支撑类功能业务活动清单，包含平台数据模型工具、市场模型匹配工具、报表服务、公式服务、并行计算服务、人机界面、告警服务、文件服务、电子签章服务、数据校验服务、访问控制、数据处理服务、定时任务服务、数据归档和备份服务、主动安全防护服务、电网企业数据交互、纵向数据交互、市场主体数据交互、灰度发布、需求管理工具、平台身份认证服务、区块链绿电溯源服务22项业务活动。各活动内容详情见表8-59。

BC-BD-JCZC
平台基础支撑

BA-BP-BD-JCZC-0101
平台数据模型工具

BS-BP-BD- JCZC-0101-0001
元数据查询

BS-BP-BD- JCZC-0101-0002
元属性维护

BS-BP-BD- JCZC-0101-0003
元数据查询

BS-BP-BD- JCZC-0101-0004
元数据变更管理

BS-BP-BD- JCZC-0101-0005
元数据分析

BA-BP-BD-JCZC-0102
市场模型匹配工具

BS-BP-BD-JCZC-0102-0001
物理模型管理

BS-BP-BD-JCZC-0102-0002
模型版本管理

BA-BP-BD-JCZC-0104
公式服务

BS-BP-BD-JCZC-0104-0001
公式配置服务

BS-BP-BD-JCZC-0104-0002
公式编译服务

BA-BP-BD-JCZC-0103
报表服务

BS-BP-BD- JCZC-0103-0001
报表设计

BS-BP-BD- JCZC-0103-0002
报表预览

BS-BP-BD- JCZC-0103-0003
报表导出

BS-BP-BD- JCZC-0103-0004
报表管理

BS-BP-BD- JCZC-0103-0005
数据源管理

BS-BP-BD- JCZC-0103-0006
报表回填

BS-BP-BD- JCZC-0103-0007
丰富的可视化类型

BS-BP-BD- JCZC-0103-0008
百万级数据前端展示

BS-BP-BD- JCZC-0103-0009
深度交互式数据探索

BA-BP-BD-JCZC-0105
并行计算服务

BS-BP-BD-JCZC-0105-0001
并行计算公式配置

BS-BP-BD-JCZC-0105-0002
并行计算数据加载

BS-BP-BD-JCZC-0105-0003
分组并行计算

BA-BP-BD-JCZC-0106
人机界面

BS-BP-BD-JCZC-0106-0001
界面设计

BS-BP-BD-JCZC-0106-0002
页面展示

BS-BP-BD-JCZC-0106-0003
数据处理

BA-BP-BD-JCZC-0107
告警服务

BS-BP-BD-JCZC-0107-0001
告警接口服务功能

BS-BP-BD-JCZC-0107-0002
告警联系人

BS-BP-BD-JCZC-0107-0003
告警配置

BA-BP-BD-JCZC-0108
文件服务

BS-BP-BD-JCZC-0108-0001
文件上传

BS-BP-BD-JCZC-0108-0002
下载功能

BS-BP-BD-JCZC-0108-0003
文件版本管理

BS-BP-BD-JCZC-0108-0004
文件共享功能

BS-BP-BD-JCZC-0108-0005
文件在线浏览

BS-BP-BD-JCZC-0108-0006
文件安全管理

BA-BP-BD-JCZC-0109
电子签章服务

BS-BP-BD-JCZC-0109-0001
电子印章管理功能

BS-BP-BD-JCZC-0109-0002
签章功能

BA-BP-BD-JCZC-0110
数据校验服务

BS-BP-BD-JCZC-0110-0001
获取数据

BS-BP-BD-JCZC-0110-0002
数据及时性校验

BS-BP-BD-JCZC-0110-0003
数据完整性校验

BS-BP-BD-JCZC-0110-0004
数据一致性校验

BS-BP-BD-JCZC-0110-0005
数据有效性校验

BS-BP-BD-JCZC-0110-0006
数据校验结果

BA-BP-BD-JCZC-0111
访问控制

BS-BP-BD-JCZC-0111-0001
限流控制

BS-BP-BD-JCZC-0111-0002
服务降级控制

BA-BP-BD-JCZC-0112
数据处理服务

BS-BP-BD-JCZC-0112-0001
数据抽取

BS-BP-BD-JCZC-0112-0002
数据清洗

BS-BP-BD-JCZC-0112-0003
数据转换

BA-BP-BD-JCZC-0113
定时任务服务

BS-BP-BD-JCZC-0113-0001
任务设计器

BS-BP-BD-JCZC-0113-0002
任务监视工具

BS-BP-BD-JCZC-0113-0003
任务调度引擎

BA-BP-BD-JCZC-0114
数据归档和备份服务

BA-BP-BD-JCZC-0114-0001
数据归档

BA-BP-BD-JCZC-0114-0002
数据备份

BA-BP-BD-JCZC-0115
主动安全防护服务

BS-BP-BD-JCZC-0115-0001
访问拦截

BS-BP-BD-JCZC-0115-0002
拦截记录

BS-BP-BD-JCZC-0115-0003
多CA管理

BS-BP-BD-JCZC-0115-0004
微服务内部调用认证

BA-BP-BD-JCZC-0116
电网企业数据交互

BS-BP-BD-JCZC-0116-0001
市场化售电业务应用系统数据集成

BS-BP-BD-JCZC-0116-0002
调度技术支持系统数据集成

BS-BP-BD-JCZC-0116-0003
电费结算应用系统数据集成

BA-BP-BD-JCZC-0117
纵向数据交互

BS-BP-BD-JCZC-0117-0001
省级电力交易中心向北京电力交易中心上传数据

BS-BP-BD-JCZC-0117-0002
北京电力交易中心向省级电力交易中心下发数据

BS-BP-BD-JCZC-0117-0003
纵向数据交互核查

BS-BP-BD-JCZC-0117-0004
纵向数据交互保障

BS-BP-BD-JCZC-0117-0005
发送短信

BS-BP-BD-JCZC-0117-0006
数据增量补传

BA-BP-BD-JCZC-0118
市场主体数据交互

BS-BP-BD-JCZC-0118-001
平台发布接口

BS-BP-BD-JCZC-0118-002
平台接入接口

BS-BP-BD-JCZC-0118-003
统一开放平台

BA-BP-BD-JCZC-0121
平台身份认证服务

BS-BP-BD-JCZC-0121-0001
平台身份凭证申请

BS-BP-BD-JCZC-0121-0002
平台身份凭证管理

BS-BP-BD-JCZC-0121-0003
平台身份认证

BA-BP-BD-JCZC-0119
灰度发布

BS-BP-BD-JCZC-0119-0001
灰度规则

BS-BP-BD-JCZC-0119-0002
灰度环境

BS-BP-BD-JCZC-0119-0003
灰度用户

BA-BP-BD-JCZC-0120
需求管理工具

BS-BP-BD-JCZC-0120-0001
需求提报

BS-BP-BD-JCZC-0120-0002
需求处理

BA-BP-BD-JCZC-0122
区块链绿电溯源服务

BS-BP-BD-JCZC-0122-0001
绿色电力交易数据存证

BS-BP-BD-JCZC-0122-0002
绿色电力交易数据溯源

图 8-21　平台基础支撑业务活动层级

表 8-59　　　　　　　　　平台基础支撑类功能业务活动清单

业务活动 编号	业务活动 名称	使用岗位 编号	依赖业务 活动编号	业务活动内容描述	前置条件
BA-BP-BD- JCZC-0101	平台数据 模型工具	G2002	—	平台数据模型工具主要体现为对元数据进行管理，元数据为定义数据的数据，描述数据属性的信息，用来支持如指示存储位置、历史数据、资源查找、文件记录等功能。元数据是一种电子式目录，为了达到编制目录的目的，必须描述并收录数据的内容或特点，进而达到协助数据检索的目的。系统模型管理采用元数据技术和标准管理交易平台数据，构建统一数据模型，有利于交易业务数据的高效利用，有利于两级交易中心及其他业务系统信息交互、数据共享。对模型管理的需求包括元数据维护、元属性维护、元数据查询、元数据分析和元数据变更管理	—
BA-BP-BD- JCZC-0102	市场模型 匹配工具	G2002	—	基于现货市场，需要在调度端和交易端进行市场模型映射，确保数据一致性，电力中长期交易市场主要是基于电力市场的市场模型进行市场报价和市场出清，而电力现货市场主要是基于市场的物理模型作为最小单元进行市场报价和出清计算，因为这种方式更容易使市场出清和电网安全结合起来。这两种模型的设备名称、命名方式、维护周期等都不尽相同，需要及时发现模型名称不一致的问题，并且给用户提供出名称的匹配功能，以保障中长期交易和现货交易的市场报价、市场出清、市场结算等业务功能顺畅运行。该市场模型匹配服务应主要具备模型不一致时的及时发现功能、模型匹配操作功能和版本管理功能	—

续表

业务活动 编号	业务活动 名称	使用岗位 编号	依赖业务 活动编号	业务活动内容描述	前置条件
BA-BP-BD- JCZC-0103	报表服务	G2002	—	交易中心作为市场管理运行和市场客户服务者，服务对象包括发电企业、电力用户、售电公司、电网企业、新型主体和政府有关部门，需要根据不同用户需求，提供大量统计报表。同时电力交易业务受政策、市场等影响较大，会出现大量多源异构数据，需要报表工具，以便于快速准确提供的统计分析报表，满足多维报表、数据分析、数据可视化展现等需求，报表须具备丰富的图表组件，能制作图文并茂的展示页面，具备多种建模元素，通过组合可制作出复杂的报表，适用各种应用场合的报表需求；报表须支持各种常用的关系数据源，数据来源广泛；支持多种展示方式FLASH、HTML、PDF、WORD、EXCEL等）；支持海量数据展示和深度交互数据探索，包括报表设计、报表浏览、报表管理、数据源管理、报表回填、丰富的可视化类型、百万级数据前端展示和深度交互式数据探索	—
BA-BP-BD- JCZC-0104	公式服务	G1003	—	电力交易业务中存在大量的公式计算需求，如结算计算、电力电量平衡计算、计划编制计算等，且各类业务常受政府政策的变更而调整。为提高交易平台的灵活性与稳定性，需要通过公式服务来简化电力交易平台各类计算公式的维护工作，避免因更新业务计算公式而引起电力交易平台的停运。 公式服务通过图形化界面对公式进行描述，梳理电力交易应用涉及的计算需求，并结合通用数学函数与常量进行	—

续表

业务活动编号	业务活动名称	使用岗位编号	依赖业务活动编号	业务活动内容描述	前置条件
BA-BP-BD-JCZC-0104	公式服务	G1003	—	封装。使用人员可通过图形的拖拽与拼接描述计算公式，经编译无误后，可自动转化为程序语句。并可通过计算公式的图形化界面了解各业务的详细计算过程。 　　公式服务作为一个单独的软件程序，在使用人员和计算程序代码之间提供直接的通信，简化各类计算公式的编辑难度。同时作为底层平台的通用服务，可复用于多个业务模块，应用于各个业务场景。 　　公式服务支持用户自定义变量、常量和函数。预先包含大量的可使用的通用数学函数和常量，可满足电力交易业务的绝大部分数学计算需求	—
BA-BP-BD-JCZC-0105	并行计算服务	G2002	—	基于市场成员数量及电力交易频度的迅速增加，电力市场核心业务的计算规模和各类业务计算复杂度都会急剧增加。对于影响计算效率的数据访问方式以及串行计算方式都需要基于分布式内存库、分布式海量库以及分布式计算技术研发形成支撑平台的并行计算服务，进行针对性设计。 　　并行计算服务基于多任务节点的可扩展分布式内存进行数据共享和计算，实现计算并行，提升计算效率。其中，分布式内存库通过减少磁盘输入/输出读写提升了数据访问效率，分布式海量库基于大数据技术解决了海量数据的分布式存储，同时基于 Spark 技术实现了高性能分布式计算	计算实例数据以及计算公式

续表

业务活动 编号	业务活动 名称	使用岗位 编号	依赖业务 活动编号	业务活动内容描述	前置条件
BA-BP-BD- JCZC-0106	人机界面	G2002	—	随着交易系统服务范围的不断扩大，交易品种与交易业务大幅增加，应用展示场景不再固化，业务信息展示的角度与内容可能根据业务的实际需求随时发生改变，对交易业务画面快速组态式生成方面的需求大大提高。这就要求人机界面针对交易业务特点提供更强的组态化、用户化能力，使用户能根据业务需求自主调整画面元素及关联的数据，满足日益增长及多变的业务展示与交互需求。具体包括如下需求： 1. 交易业务信息含量丰富，数据类型多，结构复杂，要求人机界面能适应周期数据和非周期数据等各种类型的交易业务数据展示与交互需求。 2. 交易业务信息维度多，包括主体维度、时间维度、业务维度等，要求人机界面能支持灵活的多维度信息展示，同一幅画面通过选择不同的维度，如选择不同主体、不同时间等，可以展示不同的信息，同时也能支持同一数据从业务维度上的电力企业关联展示以及从时间维度上的纵向对比。 3. 从图元展示关系来说，交易画面各图元间并不是孤立的关系，需要支持灵活的图元间联动交互，以满足各类交易业务相对复杂的综合展示场景	—
BA-BP-BD- JCZC-0107	告警服务	G2002	—	电力交易平台在实际运行过程中需要对系统平台和业务应用的一些异常运行情况及时进行记录或对用户进行告警，以快速发现定位应用问题，及时排除故障，提升系统的健壮性。	—

续表

业务活动编号	业务活动名称	使用岗位编号	依赖业务活动编号	业务活动内容描述	前置条件
BA-BP-BD-JCZC-0107	告警服务	G2002	—	告警服务接收到各个应用发送的告警请求之后，就根据接收到的告警类型得到相应的告警行为，然后在告警行为定义中寻找这个行为包含的告警动作，最后发消息给每台机器上的告警客户端。告警客户端收到消息后完成相应的告警动作。其中，告警动作是告警服务中最基本的要素，是指一些最具体的告警表现，例如语音报警、推画面报警、日志报警等。告警行为是一组告警动作的集合。当一个告警来到时，机器要发生一系列的告警动作来提示用户	—
BA-BP-BD-JCZC-0108	文件服务	G2002	—	文件服务面向新一代电力市场服务框架提供文件读写功能。与本地磁盘相比，它加强了存储器的功能，简化了网络数据的管理，实现文件共享和隔离。文件服务改善了系统的性能，提高了数据的可用性；减少了管理的复杂程度，降低了运营费用。文件服务包括文件上传、下载功能、文件版本管理、文件共享功能、安全认证功能、重名文件提示功能和文件在线预览功能	—
BA-BP-BD-JCZC-0109	电子签章服务	G2002	—	新一代电力交易平台需要保障数据电文的真实有效和法律效力，尤其是在合同签订等环节，需要电子防抵赖的手段，因此平台需要集成电子签章能力，并为业务功能提供电子签章服务。为了使电子签章系统既适应当前交易平台的需求，又面向未来发展的需要，系统应采用以下原则，保证整个系统顺利连通，并高效、稳定地运行。 1. 实用性原则，电子签章系统体系	—

续表

业务活动编号	业务活动名称	使用岗位编号	依赖业务活动编号	业务活动内容描述	前置条件
BA-BP-BD-JCZC-0109	电子签章服务	G2002	—	框架设计将适应系统运行管理体制和人员的实际情况，满足现有的电子签章、电子签名的内容要求，具备方便调用、易于使用的特点。 2. 可用性原则，电子签章服务的部署不应对原有的系统结构、安全策略等方面做较大的修改和调整，对原有系统性能影响最小化，不能对生产系统自身的运行造成不良影响，不能干扰系统的正常运行。尽量少地占用、消耗原有系统的运行资源、网络资源。 3. 集成性原则，与系统中的公共模块进行良好的整合集成，提供统一的调用接口，使原有系统中各模块能够方便地调用电子签章系统。 4. 健壮性原则，电子签章系统具有较强的免维护能力，能够长时间稳定运行，自身维护要求简单，具有快速恢复功能	—
BA-BP-BD-JCZC-0110	数据校验服务	G2002	—	以技术手段对平台中所有人工录入数据、系统交互数据进行自动质量校验，阻止错误数据进入业务处理系统的下个环节，保证系统信息的正确性和可信赖性，以保障各类注册、交易、结算、发布等业务的正常开展。 对于人工录入数据，数据校验服务设置于用户侧，以减轻服务侧压力。校验类型包括数据完整性校验、数据一致性校验和数据有效性校验 3 类。校验方式为根据预配规则，系统自动校验，校验不通过则向人机交互界面推送告警信息。 对于系统交互数据，数据校验服务设置于数据接收处。校验类型包括数据及	待校验数据、校验规则已配置

续表

业务活动编号	业务活动名称	使用岗位编号	依赖业务活动编号	业务活动内容描述	前置条件
BA-BP-BD-JCZC-0110	数据校验服务	G2002	—	时性校验、数据完整性校验和数据一致性校验 3 类。校验方式为根据预配规则，系统自动校验，校验不通过则对外推送告警信息。 新一代电力交易平台中，需要通过信息技术建立对系统数据进行质量校验的基础工具，通过技术手段自动对进入系统的数据进行质量校验，阻止错误数据进入业务处理系统的下个环节，保证系统信息的正确性和可信赖性	—
BA-BP-BD-JCZC-0111	访问控制	G2002	—	访问控制包括限流控制，以拒绝超阈值访问请求，减少服务压力；服务降级控制，根据当前业务情况及流量对一些服务和页面有策略地降级；超限告警，根据用户配置的服务访问限值做出是否超限的判断，并产生超限告警。访问控制包括基于源端的限流控制、服务降级控制、超限告警和超限展示	—
BA-BP-BD-JCZC-0112	数据处理服务	G2002	—	电力交易平台建立数据处理服务。对于存储在电力交易平台数据库中的各类市场业务数据，提供数据抽取与数据转换的功能，供电力交易平台各个模块使用，或是提供给外部其他系统做查询分析使用，并支持数据的查询与导出。 电力交易目前存在的数据服务问题： 1. 开展交易数据不一致。现交易类型、合同类型和结算成分不一致，以至于统计数据时模块数据无法串联。 2. 统计口径不一致。现系统交易单元、计划单元、结算单元无法合并统计，即各模块的单元关联的机组和经济机组不一致。	待处理数据、数据处理规则

续表

业务活动编号	业务活动名称	使用岗位编号	依赖业务活动编号	业务活动内容描述	前置条件
BA-BP-BD-JCZC-0112	数据处理服务	G2002	—	3．业务变更复杂。如果根据业务需要，上游模块发生了变化，则下游多个模块也需要改变，但是变化的代价是高昂的，需要修改代码和 sql 语句。 针对这些问题，需要建立支持电力市场业务应用的数据仓库及数据处理服务。数据仓库存储电力市场业务数据，数据处理服务提供数据抽取、数据清洗和数据转换的功能，形成较统一的数据资源，供电力交易各个模块共享和维护	—
BA-BP-BD-JCZC-0113	定时任务服务	G2002	—	新一代电力交易平台中，有大量业务需要通过定时任务进行触发实现，如定时数据同步、定时结算计算等。定时任务包括任务注册、任务注销、任务开启、任务运行、任务停止、任务关闭 6 个主要的业务活动功能	—
BA-BP-BD-JCZC-0114	数据归档和备份服务	G2002	—	新一代交易平台的数据归档备份服务主要包括数据备份与数据归档两个方面。归档的目的是实现历史数据和信息被系统、科学、长期地保存，以被公司决策管理、上级或第三方机构监管等用途。备份的目的是保存数据的副本，用于防止因人为错误、系统崩溃和自然灾害造成的数据丢失。当原始数据丢失时，可以通过获取数据副本来获得想要的数据，以确保业务连续性，或者在业务中断时能够以最短的时间得到恢复。 数据归档和备份服务包括数据归档、数据备份两部分。数据归档包括对归档磁盘或者磁带库的管理，可以创建、修改、查询归档磁盘或者磁带库的位置、容量并监控使用状态。	待归档数据、数据归档规则

续表

业务活动编号	业务活动名称	使用岗位编号	依赖业务活动编号	业务活动内容描述	前置条件
BA-BP-BD-JCZC-0114	数据归档和备份服务	G2002	—	数据备份包括对备份磁盘或者磁带库的管理，可以创建、修改、查询备份磁盘或者磁带库的位置、容量并监控使用状态	待归档数据、数据归档规则
BA-BP-BD-JCZC-0115	主动安全防护服务	G2002	—	对于用户使用工具进行请求的重复提交，能够进行请求拦截，记忆用户的登录IP；构建智能风险控制中心。通过安全风险诊断、系统运行监控、风险告警等手段加强系统对运行风险及安全风险的管控；加强市场主体的身份验证，保护市场主体信息的安全、有效。通过数据加密和强身份核验的方式，解决传统实体章应用问题，提高电子化文档签署效率，加强电子签章应用推广。为提高交易平台内部微服务调用的安全性，增加微服务内部接口的调用授权功能。为保障电力交易平台对外部系统提供的接口安全性和标准规范，建立统一开放平台	—
BA-BP-BD-JCZC-0116	电网企业数据交互	G2002	—	电力交易平台与调度现货支持系统（含调度控制系统和调控云系统）、市场化售电业务应用、财务管控系统、发策系统等有电网企业数据交互需求，需提供对电网企业集成的数据进行统一有效的管理功能	—
BA-BP-BD-JCZC-0117	纵向数据交互	G2002	—	采用纵向数据交互方式实现业务数据和管理数据的传送和共享。按照业务需求和传送方向，纵向集成业务数据主要包含省级电力交易中心向北京电力交易中心上传数据、北京电力交易中心向省级电力交易中心下发数据两个业务子	—

续表

业务活动编号	业务活动名称	使用岗位编号	依赖业务活动编号	业务活动内容描述	前置条件
BA-BP-BD-JCZC-0117	纵向数据交互	G2002	—	项，覆盖了两级交易中心所开展的各项核心业务，以下通过数据交互全面性、数据传输过程合规校验、整体链路监控、数据考核机制等四个方面来说明业务数据交互范围与规范，并确保业务数据传输及时性、完整性、准确性、可用性	—
BA-BP-BD-JCZC-0118	市场主体数据交互	G2002	—	电力交易平台与售电公司、发电企业、市场主体等外部企业实现业务数据和管理数据的传送和共享。按照业务需求和传送方向，市场主体数据交互业务数据主要包含：省级电力交易中心对外发布数据，省级电力交易中心订阅市场主体企业数据，以下通过数据交互全面性、数据传输过程合规校验、整体链路监控、数据考核机制等四个方面来说明业务数据交互范围与规范，并确保业务数据传输及时性、完整性、准确性、可用性；为保障电力交易平台对市场主体系统提供的接口安全性和标准规范，建立统一开放平台。统一开放平台用于对外部第三方系统提供统一开放的接口访问资源管理、数据传输安全协议、应用申请流程管理和访问令牌管理	—
BA-BP-BD-JCZC-0119	灰度发布	G2002	—	通过设置灰度规则指定一部分正式或者测试账号作为灰度用户，灰度用户只允许访问到灰度发布的应用。定义灰度环境，灰度环境关联都可单独设置灰度用户，通过版本管理完成灰度环境的应用发布。灰度发布完成后，用灰度账号进行灰度测试，根据测试结果完成版本的发布或回滚。灰度发布模式，可在测试通过后，随时进行全链路发版	—

续表

业务活动编号	业务活动名称	使用岗位编号	依赖业务活动编号	业务活动内容描述	前置条件
BA-BP-BD-JCZC-0120	需求管理工具	G2002	—	新增需求提报以及管理功能，支持业务人员对在系统使用过程遇到的问题、改进需求，进行录入。需求处理人员可汇总并对用户录入的需求进行处理，实时修改各项需求的处理状态	—
BA-BP-BD-JCZC-0121	平台身份认证服务	G2002	—	平台身份认证服务是指应用各类身份认证工具载体，通过数字证书、生物识别、设备指纹、安全加固等方式实现基于国产密码技术的身份认证。可同时接入多个 CA 认证体系，为用户提供"一站式"的低成本、高安全、易使用的身份认证服务	—
BA-BP-BD-JCZC-0122	区块链绿电溯源服务	G2002	—	区块链绿电溯源服务是指将绿色电力交易的关键业务数据，通过区块链技术进行加密、存证后，按需开展数据还原、比对的服务。该服务支持扫码进行绿电溯源认证查询功能，实现绿电交易关键业务数据可视化溯源	—

8.4.2 业务活动分项说明

8.4.2.1 平台数据模型工具业务步骤清单

平台数据模型工具业务步骤清单包含元数据查询、元属性维护、元数据维护、元数据变更管理、元数据分析 5 个业务步骤。步骤清单见表 8-60。

表 8-60　　　　　　　　　平台数据模型工具业务步骤清单

业务步骤编号	业务步骤名称	输入业务信息编号	输出业务信息编号	业务步骤内容描述（业务步骤/业务规则）	前置条件
BS-BP-BD-JCZC-0101-0001	元数据查询	BI-BD-JCZC-0031	BI-BD-JCZC-0031	具备元数据查询和检索功能。能够支撑多维度的元数据检索和快速定位及模糊查询功能，并能高效查询列出基础信息和关联信息。 根据具体相关业务需求，锁定目标元数据； 根据元数据查询入口录入查询条件并查询； 元数据相关信息查看	元数据已存在
BS-BP-BD-JCZC-0101-0002	元属性维护	BI-BD-JCZC-0032	BI-BD-JCZC-0032	提供元数据属性维护，定义元数据对应属性。元数据属性包括所属业务类、业务项、业务子项、业务场景、数据索引编号、时间标志等。根据具体相关业务需求，锁定目标元模型； 根据元模型查询入口录入查询条件并查询； 添加或删除元属性； 通过元数据查询入口确认元属性是否生效	元数据已存在
BS-BP-BD-JCZC-0101-0003	元数据维护	BI-BD-JCZC-0031	—	元数据维护是指对元数据基础信息维护的过程中，按照元数据管理规范，以"定义数据的元数据"为原则，开展元数据功能维护工作，实现元数据基础维护功能。通过元数据管理活动，可以使数据中台的信息描述和分类实现格式统一，为机器处理创造可能、有助于理解数据的真实含义，了解数据的来龙去脉。 根据具体相关业务需求，锁定目标元数据进行删改/新增操作； 填写相关元数据信息； 通过元数据查询入口确认对元数据的增改删操作是否生效	—

续表

业务步骤 编号	业务步骤 名称	输入业务 信息编号	输出业务 信息编号	业务步骤内容描述 （业务步骤/业务规则）	前置条件
BS-BP-BD- JCZC-0101- 0004	元数据变更管理	BI-BD-JCZC- 0033	—	具备提供元数据变更数据管理功能，并对所有元数据进行版本管理，具备提供历史备查功能，具备变更日志记录功能。 根据具体相关业务需求，锁定目标元数据进行删改/新增操作； 填写相关元数据信息； 通过元数据变更管理查询入口能够查看元数据的历史变更版本	元数据已存在
BS-BP-BD- JCZC-0101- 0005	元数据分析	BI-BD-JCZC- 0031	BI-BD-JCZC- 0031	具备元数据统计分析功能，能提供元数据信息和数据库实际信息比对分析功能，为一致性，完整性，准确性检查提供技术支持手段。能通过元数据信息对全库数据进行多种维度分析，为数据库设计，业务数据维护等工作提供辅助技术支撑。 根据具体相关业务需求，锁定目标元数据通过元数据分析入口进行查询；能够查看元数据的关联关系，包含血缘分析、影响分析	元数据已存在

8.4.2.2 市场模型匹配工具业务步骤清单

市场模型匹配工具业务步骤清单包含物理模型管理和模型版本管理两个业务步骤。步骤清单见表8-61。

表8-61 市场模型匹配工具业务步骤清单

业务步骤 编号	业务步骤 名称	输入业务 信息编号	输出业务 信息编号	业务步骤内容描述 （业务步骤/业务规则）	前置条件
BS-BP-BD- JCZC-0102- 0001	物理模型管理	BI-BD-JCZC- 0011	BI-BD-JCZC- 0011	提供物理模型创建工具，实现物理模型高效创建和维护的基础支撑能力。创建与调度侧对应的电力交易物理模型能力，实现调度端物理模型与交易端物理	—

续表

业务步骤 编号	业务步骤 名称	输入业务 信息编号	输出业务 信息编号	业务步骤内容描述 （业务步骤/业务规则）	前置条件
BS-BP-BD- JCZC-0102- 0001	物理模型 管理	BI-BD-JCZC- 0011	BI-BD-JCZC- 0011	模型的映射，全面支持现货交易。具备按照现货交易的需要，对发生数据交互的物理模型进行名称的映射关系管理，实现规范的模型命名和映射关系管理功能。 根据具体相关业务需求，锁定目标物理模型管理信息进行删改/新增操作；可同步交易端数据和调度端数据	—
BS-BP-BD- JCZC-0102- 0002	模型版本 管理	—	—	模型匹配的版本管理功能，每次匹配操作后自动生成版本号和与该版本对应的模型匹配数据集，根据具体相关业务需求，新增版本号进行模型版本管理，维护版本状态	—

8.4.2.3　报表服务业务步骤清单

报表服务业务步骤清单包含报表设计、报表预览、报表导出、报表管理、数据源管理、报表回填、丰富的可视化类型、百万级数据前端展示、深度交互式数据探索 9 个业务步骤。步骤清单见表 8-62。

表 8-62　　　　　　　　　　　报表服务业务步骤清单

业务步骤 编号	业务步骤 名称	输入业务 信息编号	输出业务 信息编号	业务步骤内容描述 （业务步骤/业务规则）	前置条件
BS-BP-BD- JCZC-0103- 0001	报表设计	—	—	开发者在独立于系统的报表设计器进行各种报表配置开发。完成表格报表、交叉表、图形报表、图表报表、自由格式报表等。针对不同类型的报表需求提供多种设计方式。表格类报表包括普通报表、聚合报表、决策报表等，图形类报表包括柱状图、散点图、饼图、雷达图等。报表设计应该具有灵活性，方便用户进行格式修改	有数据源、业务需求逻辑

续表

业务步骤 编号	业务步骤 名称	输入业务 信息编号	输出业务 信息编号	业务步骤内容描述 （业务步骤/业务规则）	前置条件
BS-BP-BD- JCZC-0103- 0002	报表预览	—	—	系统可以对设计过的报表进行预览，查看是否满足业务要求。浏览操作也可以在设计器上实现。报表展示后也进行存档，保存当前展示的报表内容	报表 已设计
BS-BP-BD- JCZC-0103- 0003	报表导出	—	—	提供设计器上的各类报表导出，支持导出指定的报表格式，以供用户使用查看，支持的导出格式包括 PDF、EXCEL、WORD 等。在浏览展示页面导出所见即所得的报表内容。通过后台报表设计器设计指定的格式报表或通过模板上传报表格式，前端指定需导出的数据范围后，通过触发式事件（如按钮点击）导出	报表 已设计
BS-BP-BD- JCZC-0103- 0004	报表管理	—	—	在报表设计器上提供新建报表分组、新建报表、报表基本信息编辑、报表删除、报表目录树的刷新、报表组及报表模板模糊查询等功能	报表 已设计
BS-BP-BD- JCZC-0103- 0005	数据源管理	—	—	数据源管理为报表数据的展示提供相关数据来源，并分配用户管理权限对报表数据源进行访问和操作。支持多种数据源的连接方式，支持通过 JDBC 的方式直接连接数据库，或通过 JNDI 的方式与应用服务器共享数据连接。 在设计器上提供报表数据源管理，为报表模板展示提供相应的数据。数据源的增加、删除、修改等操作	有相应 数据源
BS-BP-BD- JCZC-0103- 0006	报表回填	—	—	报表服务支持设计具有回填功能的报表，提供给业务人员或者用户对展示的数据进行增加、删除、修改等操作。并需对回填操作进行痕迹记录，可记录操作人员、操作时间等	设计具有 回填功能 报表

续表

业务步骤 编号	业务步骤 名称	输入业务 信息编号	输出业务 信息编号	业务步骤内容描述 （业务步骤/业务规则）	前置条件
BS-BP-BD- JCZC-0103- 0007	丰富的 可视化类型	—	—	此项为非功能性需求，没有功能菜单 与相关页面。支持多种可视化类型的报 表服务，报表类型包括但不限于常规的 折线图、柱状图、散点图、饼图、K 线 图，用于统计的盒形图，用于地理数据 可视化的地图、热力图、线图、报告， 用于关系数据可视化的关系图、treemap、 旭日图，多维数据可视化的平行坐标， 还有用于 BI 的漏斗图，仪表盘，并且 支持图与图之间的组合	—
BS-BP-BD- JCZC-0103- 0008	百万级数据 前端展示	—	—	此项为非功能性需求，没有功能菜 单与相关页面。支持展现百万级的数 据量，并且能够进行流畅的缩放平移等 交互	报表 已设计
BS-BP-BD- JCZC-0103- 0009	深度交互式 数据探索	—	—	此项为非功能性需求，没有功能菜单 与相关页面。良好的交互分析体验，可 以帮助用户更好地阅读报表，发现数据 价值。图表钻取、图表联动、多维度分 析也都是交互分析的一部分。报表支持 以上深度交互式的数据探索功能	报表 已设计

8.4.2.4　公式服务业务步骤清单

公式服务业务步骤清单包含公式配置服务和公式编译服务两个业务步骤。步骤清单见表 8-63。

表 8-63　　　　　　　　　　公式服务业务步骤清单

业务步骤 编号	业务步骤 名称	输入业务 信息编号	输出业务 信息编号	业务步骤内容描述 （业务步骤/业务规则）	前置条件
BS-BP-BD- JCZC-0104- 0001	公式配置 服务	BI-BD-JCZC- 0009	BI-BD-JCZC- 0009	对于业务中存在的计算公式，可通过 公式编辑服务进行编辑与维护。公式编 辑服务将变量、算术运算、逻辑运算、	预制的逻 辑、业务 函数库

续表

业务步骤 编号	业务步骤 名称	输入业务 信息编号	输出业务 信息编号	业务步骤内容描述 （业务步骤/业务规则）	前置条件
BS-BP-BD- JCZC-0104- 0001	公式配置 服务	BI-BD-JCZC- 0009	BI-BD-JCZC- 0009	循环结构、条件语句等抽象为模块。模块可查看变量所处数据表和字段等信息，并支持自行定义与修改。 利用函数库中的具体函数，依据计算规则，进行计算公式的配置；对函数使用、算术表达式的正确性进行检查；进行公式的保存	预制的逻辑、业务函数库
BS-BP-BD- JCZC-0104- 0002	公式编译 服务	BI-BD-JCZC- 0009	BI-BD-JCZC- 0009	提供已配置数学、逻辑公式的检查、编译、解析。公式计算并输出计算结果的微服务接口，根据传入的公式变量名称/值映射计算提供的基于变量名称的公式。 利用函数库中的具体函数，依据计算规则，进行计算公式的配置；对函数使用、算术表达式的正确性进行检查；进行公式的保存。 解析公式中的函数表达式、常量、语法的解析，将中文描述转换为计算机理解的程序语言并存储到数据库中	完成公式配置

8.4.2.5　并行计算服务业务步骤清单

并行计算服务业务步骤清单包含并行计算公式配置、并行计算数据加载、分组并行计算 3 个业务步骤。步骤清单见表 8-64。

表 8-64　　　　　　　　　　　　并行计算服务业务步骤清单

业务步骤 编号	业务步骤 名称	输入业务 信息编号	输出业务 信息编号	业务步骤内容描述 （业务步骤/业务规则）	前置条件
BS-BP-BD- JCZC-0105- 0001	并行计算 公式配置	—	—	按照结算公式，配置数据源	—

续表

业务步骤 编号	业务步骤 名称	输入业务 信息编号	输出业务 信息编号	业务步骤内容描述 （业务步骤/业务规则）	前置条件
BS-BP-BD- JCZC-0105- 0002	并行计算 数据加载	—	—	按照配置约束，执行配置信息加载任务，并处理数据加载异常信息	—
BS-BP-BD- JCZC-0105- 0003	分组并行 计算	—	—	按数据计算类型对数据进行分组，与公式计算服务配合使用，当计算数据量较大、计算性能下降时，通过并行计算技术，提高计算性能	—

8.4.2.6　人机界面业务步骤清单

人机界面业务步骤清单包含界面设计、页面展示、数据处理 3 个业务步骤。步骤清单见表 8-65。

表 8-65　　　　　　　　　　　　人机界面业务步骤清单

业务步骤 编号	业务步骤 名称	输入业务 信息编号	输出业务 信息编号	业务步骤内容描述 （业务步骤/业务规则）	前置条件
BS-BP-BD- JCZC-0106- 0001	界面设计	—	—	提供界面编辑器，可以根据业务需求自主设计界面，并能够进行数据关联，达到组态化页面设计的目的。 提供界面管理功能。以目录的形式管理设计的界面，并能够实现界面的查询、增加、删除、编辑、导出、导入、转存历史版本等维护功能	—
BS-BP-BD- JCZC-0106- 0002	页面展示	—	—	能够按照界面编辑器中设计的界面将页面布局和控件进行展示，并能够根据绑定的数据集进行数据的交互，页面、控件绑定的事件能够正常触发。根据绑定的数据集，能够将数据正确地在各控件中进行展示	—
BS-BP-BD- JCZC-0106- 0003	数据处理	—	—	能够将展示的页面进行数据关联，包括数据的展示和更新，并能够对界面填写的数据进行校验，提供数据交互的	—

续表

业务步骤 编号	业务步骤 名称	输入业务 信息编号	输出业务 信息编号	业务步骤内容描述 （业务步骤/业务规则）	前置条件
BS-BP-BD- JCZC-0106- 0003	数据处理	—	—	接口规范。根据控件的校验设置进行用户输入数据合法性的校验，包括非空、身份证号码、手机号码、邮箱等基础格式，以及正则表达式的自定义校验格式。开放数据交互接口，提供数据交互的接口规范，支持通过数据处理接口进行数据的交互	—

8.4.2.7 告警服务业务步骤清单

告警服务业务步骤清单包含告警接口服务功能、告警联系人、告警配置 3 个业务步骤。步骤清单见表 8-66。

表 8-66　　　　　　　　　　　告警服务业务步骤清单

业务步骤 编号	业务步骤 名称	输入业务 信息编号	输出业务 信息编号	业务步骤内容描述 （业务步骤/业务规则）	前置条件
BS-BP-BD- JCZC-0107- 0001	告警接口 服务功能	BI-BD-JCZC- 0019	BI-BD-JCZC- 0019	通过传入告警行为参数和告警信息，进行告警服务调用。根据告警行为参数与告警配置发出相应告警行为，并通知告警联系人。在告警服务中查看告警信息	—
BS-BP-BD- JCZC-0107- 0002	告警联系人	—	—	产生告警行为后，可以通过发送短信、邮件的方式通知联系人。配置联系人信息、手机号、邮件等信息，根据告警规则监控，有告警行为产生后，就会根据短信邮件通知联系人	—
BS-BP-BD- JCZC-0107- 0003	告警配置	—	—	告警服务配置的一条告警策略规则和接收的告警信息进行匹配逻辑运算，判断是否要发生告警。告警配置包括告警策略、告警级别、监控对象、告警级别等相关菜单进行配置	—

8.4.2.8　文件服务业务步骤清单

文件服务业务步骤清单包含文件上传、下载功能、文件版本管理、文件共享功能、文件在线浏览、文件安全管理 6 个业务步骤。步骤清单见表 8-67。

表 8-67　　　　　　　　　　　　　文件服务业务步骤清单

业务步骤编号	业务步骤名称	输入业务信息编号	输出业务信息编号	业务步骤内容描述（业务步骤/业务规则）	前置条件
BS-BP-BD-JCZC-0108-0001	文件上传	—	—	支持电力交易、合同、结算、市场成员等业务中的各类文件上传需求，包括图片、文本、音频、视频等文件格式。支持大文件上传和存储（支持 50MB 以内的文件）。支持重名检测与提示。 全部文件页面进行该文件的上传，上传文件需校验文件的类型	—
BS-BP-BD-JCZC-0108-0002	下载功能	—	—	支持电力交易、合同、结算、市场成员等业务中的各类文件下载需求，包括图片、文本、音频、视频等文件格式。 全部文件页面进行该文件的下载，下载文件需要文件的文件 ID	—
BS-BP-BD-JCZC-0108-0003	文件版本管理	—	—	上传文件通过版本管理功能实现对同文件的不同版本进行存储。支持用户覆盖历史版本或选择下载历史版本等操作，对同名文件具有版本跟踪、管理的功能	—
BS-BP-BD-JCZC-0108-0004	文件共享功能	—	—	满足不同服务对同一文件的使用需求，保证文件的共享下载、预览等操作。不同应用对同一文件读取和写入	—
BS-BP-BD-JCZC-0108-0005	文件在线浏览	—	—	支持用户在线预览文件，支持的文件格式包括 WORD、EXCEL、PPT、PDF、JPG、PNG。 可通过全部文件菜单进行该文件的预览	—

业务步骤 编号	业务步骤 名称	输入业务 信息编号	输出业务 信息编号	业务步骤内容描述 （业务步骤/业务规则）	前置条件
BS-BP-BD- JCZC-0108- 0006	文件安全 管理	—	—	采用统一权限管理平台，根据不同的 业务场景限制角色的文件浏览、下载权 限。系统管理员可以管理平台所有文件	—

8.4.2.9 电子签章服务业务步骤清单

电子签章服务业务步骤清单包含电子印章管理功能和签章功能两个业务步骤。步骤清单见表 8-68。

表 8-68 电子签章服务业务步骤清单

业务步骤 编号	业务步骤 名称	输入业务 信息编号	输出业务 信息编号	业务步骤内容描述 （业务步骤/业务规则）	前置条件
BS-BP-BD- JCZC-0109- 0001	电子印章 管理功能	BI-BD-JCZC- 0001	BI-BD-JCZC- 0001	对系统中的电子印章进行管理，包括 电子印章的申请、审批、发放流程管 理。对电子印章进行全程监控，监督遍 及从电子印章制作到发放的管理及更新 的整个流程	签章文件
BS-BP-BD- JCZC-0109- 0002	签章功能	BI-BD-JCZC- 0002	BI-BD-JCZC- 0001	本系统电子签章服务采用数字证书， 运用电子印章技术和电子签名技术，加 盖在文档上的电子签章中，嵌入了所签 文档的数字签名信息，从而保证文档的 真实性、唯一性、来源确认性和不可否 认性及印章本身的不可复制性。 电子签章服务采用数字证书，运用电 子印章技术和电子签名技术，加盖在文 档上的电子签章中。签章功能包括签章 和签名，可使用关键字功能，通过关键 字偏移方位，签章类型，签章位置， pin 码进行签章。 可根据关键字或坐标信息对文件进行 批量签章	签章文件

8.4.2.10　数据校验服务业务步骤清单

数据校验服务业务步骤清单包含获取数据、数据及时性校验、数据完整性校验、数据一致性校验、数据有效性校验、数据校验结果6个业务步骤。步骤清单见表8-69。

表 8-69　　　　　　　　　　　　数据校验服务业务步骤清单

业务步骤编号	业务步骤名称	输入业务信息编号	输出业务信息编号	业务步骤内容描述（业务步骤/业务规则）	前置条件
BS-BP-BD-JCZC-0110-0001	获取数据	BI-BD-JCZC-0005	BI-BD-JCZC-0006	根据具体相关业务，人工完成相关业务数据录入工作；根据业务规则，系统通过横纵向交互获得数据	—
BS-BP-BD-JCZC-0110-0002	数据及时性校验	BI-BD-JCZC-0005	BI-BD-JCZC-0006	对系统交互服务接收的全部横、纵向交互数据，需对数据接收时间、接收延迟时间等及时性信息进行校验。并将校验结果传入校验结果信息表中	—
BS-BP-BD-JCZC-0110-0003	数据完整性校验	BI-BD-JCZC-0005	BI-BD-JCZC-0006	对人机界面录入的数据，系统交互服务接收的全部横、纵向交互数据，进行信息完整性校验，主要包括数据项非空、必填项非空、实体不缺失、字段值不缺失等方面。将数据校验结果信息传入校验结果表中	—
BS-BP-BD-JCZC-0110-0004	数据一致性校验	BI-BD-JCZC-0005	BI-BD-JCZC-0006	对通过数据完整性校验的数据，判断数据是否与来源地保持一致，各个存储路径下的数据是否保持一致。并将校验结果存入校验结果信息表中	横、纵向交互数据准备完毕
BS-BP-BD-JCZC-0110-0005	数据有效性校验	BI-BD-JCZC-0005	BI-BD-JCZC-0006	对通过一致性校验的数据，判断数据类型是否正确、数据是否越限、数据是否满足业务规则。并将校验结果存入校验结果信息表中	横、纵向交互数据通过完整性校验验证
BS-BP-BD-JCZC-0110-0006	数据校验结果	BI-BD-JCZC-0005	BI-BD-JCZC-0006	将接收到的各个类型的数据校验结果进行存储	横、纵向交互数据准备完毕

8.4.2.11 访问控制业务步骤清单

访问控制业务步骤清单包含限流控制和服务降级控制两个业务步骤。步骤清单见表 8-70。

表 8-70 访问控制业务步骤清单

业务步骤编号	业务步骤名称	输入业务信息编号	输出业务信息编号	业务步骤内容描述（业务步骤/业务规则）	前置条件
BS-BP-BD-JCZC-0111-0001	限流控制	BI-BD-JCZC-0020	BI-BD-JCZC-0020	当某一来源的访问超过阈值后，施行排队策略或快速失败策略，以减少服务压力	云平台提供数据接口
BS-BP-BD-JCZC-0111-0002	服务降级控制	BI-BD-JCZC-0021	BI-BD-JCZC-0021	当服务器压力剧增的情况下，根据不同接口配置的降级策略进行降级控制，以此释放服务器资源以保证核心任务的正常运行。当服务的某一个接口访问出现异常后，为了整个调用链的进行，将不重要的接口设置默认值，当接口无法正常工作时返回该默认值，让整个调用链继续进行	云平台提供数据接口

8.4.2.12 数据处理服务业务步骤清单

数据处理服务业务步骤清单包含数据抽取、数据清洗和数据转换 3 个业务步骤。步骤清单见表 8-71。

表 8-71 数据处理服务业务步骤清单

业务步骤编号	业务步骤名称	输入业务信息编号	输出业务信息编号	业务步骤内容描述（业务步骤/业务规则）	前置条件
BS-BP-BD-JCZC-0112-0001	数据抽取	—	—	根据具体相关业务需求，配置数据抽取规则；将数据抽取规则与对应规则集关联；将规则集与对应调度任务关联；执行调度任务并应用处理结果。数据抽取包括两种抽取方式：①全量抽取：文件的全量抽取；数据库表数据全量抽	—

续表

业务步骤 编号	业务步骤 名称	输入业务 信息编号	输出业务 信息编号	业务步骤内容描述 （业务步骤/业务规则）	前置条件
BS-BP-BD- JCZC-0112- 0001	数据抽取	—	—	取、迁移。②增量抽取：增量数据抽取自上次抽取以来数据库中要抽取的表中新增、修改、删除的数据。对抽取有两点要求：①准确性，能够将业务系统中的变化数据准确地捕获到；②性能，尽量减少对业务系统造成太大的压力影响现有业务	—
BS-BP-BD- JCZC-0112- 0002	数据清洗	—	—	根据具体相关业务需求，配置数据清洗规则；将数据清洗规则与对应规则集关联；将规则集与对应调度任务关联；执行调度任务并应用处理结果	—
BS-BP-BD- JCZC-0112- 0003	数据转换	—	—	根据具体相关业务需求，配置数据转换规则；将数据转换规则与对应规则集关联；将规则集与对应调度任务关联；执行调度任务并应用处理结果	—

8.4.2.13　定时任务服务业务步骤清单

定时任务服务业务步骤清单包含任务设计器、任务监视工具、任务调度引擎 3 个业务步骤。步骤清单见表 8-72。

表 8-72　　　　　　　　　　　定时任务服务业务步骤清单

业务步骤 编号	业务步骤 名称	输入业务 信息编号	输出业务 信息编号	业务步骤内容描述 （业务步骤/业务规则）	前置条件
BS-BP-BD- JCZC-0113- 0001	任务设计器	—	—	任务设计器能够进行任务的新建、编辑；能够设定任务的自动执行机制，如按时间间隔执行、指定时间执行等	—
BS-BP-BD- JCZC-0113- 0002	任务监视 工具	—	—	任务监视工具可监视各个自动处理任务的历史执行状态，能够多维度统计任务的执行情况	—

续表

业务步骤 编号	业务步骤 名称	输入业务 信息编号	输出业务 信息编号	业务步骤内容描述 （业务步骤/业务规则）	前置条件
BS-BP-BD- JCZC-0113- 0003	任务调度 引擎	—	—	任务调度引擎作为任务处理服务的核心功能，按照配置的任务调度时间自动执行各项任务	—

8.4.2.14 数据归档和备份服务业务步骤清单

数据归档和备份服务业务步骤清单包含数据归档和数据备份两个业务步骤。步骤清单见表 8-73。

表 8-73　　　　　　　　　　数据归档和备份服务业务步骤清单

业务步骤 编号	业务步骤 名称	输入业务 信息编号	输出业务 信息编号	业务步骤内容描述 （业务步骤/业务规则）	前置条件
BS-BP-BD- JCZC-0114- 0001	数据归档	—	—	数据归档是将电力交易平台业务数据进行归档操作。对归档磁盘或者磁带库的管理，可以创建、修改、查询归档磁盘或者磁带库的位置、容量并监控使用状态。在归档配置页面进行删改/新增操作；归档记录页面可查看归档记录信息，包括业务名称、归档版本、归档时间、文件大小、单位、文件名称等信息	—
BS-BP-BD- JCZC-0114- 0002	数据备份	—	—	数据备份是将电力交易平台业务数据进行备份，用于防止因人为错误、系统崩溃和自然灾害造成的数据丢失。当原始数据丢失时，可以通过备份的数据进行恢复还原。在备份配置页面进行删改/新增操作；备份记录页面可查看备份记录信息，包括业务名称、备份版本、备份时间、文件大小、单位、文件名称等信息	—

8.4.2.15　主动安全防护服务业务步骤清单

主动安全防护服务业务步骤清单包含访问拦截、拦截记录、多 CA 管理、微服务内部调用认证 4 个业务步骤。步骤清单见表 8-74。

表 8-74　　　　　　　　　　　主动安全防护服务业务步骤清单

业务步骤编号	业务步骤名称	输入业务信息编号	输出业务信息编号	业务步骤内容描述（业务步骤/业务规则）	前置条件
BS-BP-BD-JCZC-0115-0001	访问拦截	—	—	访问拦截功能，用于识别和过滤用户请求，限制权限，进行访问控制。验证请求合法性和来源，通过授权令牌确认请求合法。加强访问控制，防止非法操作。检测重复提交和恶意攻击，拦截请求，并根据已配置的安全策略手动或者自动封禁用户账号和 IP	—
BS-BP-BD-JCZC-0115-0002	拦截记录	—	—	拦截记录，用于记录疑似非法、恶意或有害的请求。拦截记录内容包括请求的来源 IP 地址、请求内容、拦截时间、拦截原因等	—
BS-BP-BD-JCZC-0115-0003	多 CA 管理	—	BI-BD-JCZC-0036	引入多家 CA 机构，将多家 CA 机构集中归口管理，实现多 CA 互认，为电力交易用户提供 CA 机构自主选择权	—
BS-BP-BD-JCZC-0115-0004	微服务内部调用认证	—	—	为防止不法人员或者程序进入微服务内部网络后，攻击电力交易平台微服务接口、修改和获取到敏感数据。需建立微服务之间的认证体系，保障微服务在内部环境的安全性，防止出现内部环境中未经授权请求可直接访问微服务接口而对系统造成的入侵问题	—

8.4.2.16　电网企业数据交互业务步骤清单

电网企业数据交互业务步骤清单包含市场化售电业务应用系统数据集成、调度技术支持系统数据集成、电费结算应用系统数据集成 3 个业务步骤。步骤清单见表 8-75。

表 8-75　　　　　　　　　　　电网企业数据交互业务步骤清单

业务步骤编号	业务步骤名称	输入业务信息编号	输出业务信息编号	业务步骤内容描述（业务步骤/业务规则）	前置条件
BS-BP-BD-JCZC-0116-0001	市场化售电业务应用系统数据集成	BI-BD-JCZC-0012	BI-BD-JCZC-0012	电网企业营销系统与新一代电力交易平台的数据集成应满足： 1. 数据传输。动态配置传输源、目的等参数，支持批量通过以流方式发送，通过分块传输、加密传输，经数据路由进行转发、接收，且传输完成后，发现接收侧与发送侧大小不等或者不一致情况，发送端主动触发错误重发机制。心跳管理，发送方按照一定规则（周期性发送、空闲发送等等）向接收方发送固定格式的消息，接受方收到消息后回复一个固定格式的消息。 2. 数据完整性校验。采用校验码等技术手段，验证数据内容一致、传输内容一致性和大小进行检验，针对质量检查发现的错误文件进行归档，提供归档机制。 3. 传输任务调度。动态配置传输任务，包括任务内容、任务开始时间等参数设置，通过任务调度形式对传输进行管理，包括传输任务配置、启动、停止等，合理调度，根据传输任务的优先级，保证传输的可调度。 4. 数据质量管理。包括正确性（数据是否按照要求的规则存储）、完整性（数据的值是否为空）发起将数据同步到营销基础数据平台的数据交互区，再向接收方发送数据同步消息。接收方将中间库数据同步到本系统的数据库，并更新消息判断状态	—

续表

业务步骤 编号	业务步骤 名称	输入业务 信息编号	输出业务 信息编号	业务步骤内容描述 （业务步骤/业务规则）	前置条件
BS-BP-BD- JCZC-0116- 0002	调度技术支持 系统数据集成	BI-BD-JCZC- 0013	BI-BD-JCZC- 0013	调度支持系统与新一代电力交易平台的数据集成应满足： 1．数据传输。动态配置传输源、目的等参数，支持批量通过以流方式发送，通过分块传输、加密传输，经数据路由进行转发、接收，且传输完成后，发现接收侧与发送侧大小不等或者不一致情况，发送端主动触发错误重发机制。心跳管理，发送方按照一定规则（周期性发送、空闲发送等等）向接收方发送固定格式的消息，接受方收到消息后回复一个固定格式的消息。 2．数据完整性校验。采用校验码等技术手段，验证数据内容一致、传输内容一致性和大小进行检验，针对质量检查发现的错误文件进行归档，提供归档机制。 3．传输任务调度。动态配置传输任务，包括任务内容、任务开始时间等参数设置，通过任务调度形式对传输进行管理，包括传输任务配置、启动、停止等，合理调度，根据传输任务的优先级，保证传输的可调度。 4．数据质量管理。包括正确性（数据是否按照要求的规则存储）、完整性（数据的值是否为空）。通过消息邮件服务实现新一代电力交易平台与调度相关系统的数据集成，由交易侧数据集成服务通过消息邮件发送数据至调度侧相关系统	—
BS-BP-BD- JCZC-0116- 0003	电费结算应用 系统数据集成	BI-BD-JCZC- 0015	BI-BD-JCZC- 0015	电网企业财务系统与新一代电力交易平台的数据集成应满足： 1．数据传输。动态配置传输源、目的等参数，支持批量通过以流方式发	—

业务步骤编号	业务步骤名称	输入业务信息编号	输出业务信息编号	业务步骤内容描述（业务步骤/业务规则）	前置条件
BS-BP-BD-JCZC-0116-0003	电费结算应用系统数据集成	BI-BD-JCZC-0015	BI-BD-JCZC-0015	送，通过分块传输、加密传输，经数据路由进行转发、接收，且传输完成后，发现接收侧与发送侧大小不等或者不一致情况，发送端主动触发错误重发机制。心跳管理，发送方按照一定规则（周期性发送、空闲发送等等）向接收方发送固定格式的消息，接受方收到消息后回复一个固定格式的消息。 2．数据完整性校验。采用校验码等技术手段，验证数据内容一致、传输内容一致性和大小进行检验，针对质量检查发现的错误文件进行归档，提供归档机制。 3．传输任务调度。动态配置传输任务，包括任务内容、任务开始时间等参数设置，通过任务调度形式对传输进行管理，包括传输任务配置、启动、停止等，合理调度，根据传输任务的优先级，保证传输的可调度。 4．数据质量管理。包括正确性（数据是否按照要求的规则存储）、完整性（数据的值是否为空）。通过非结构化平台传输数据文件，通过企业服务总线（ESB）注册 Web Service 接口服务进行通知回执，数据中存在非结构化文件时，也通过非结构化平台传输非结构化文件	—

8.4.2.17 纵向数据交互业务步骤清单

纵向数据交互业务步骤清单包含省级电力交易中心向北京电力交易中心上传数据、北京电力交易中心向省级电力交易中心下发数据、纵向数据交互核查、纵向数据交互保障、发送短信、数据增量补传 6 个业务步骤。步骤清单见表 8-76。

表 8-76　　　　　　　　　　　　纵向数据交互业务步骤清单

业务步骤 编号	业务步骤 名称	输入业务 信息编号	输出业务 信息编号	业务步骤内容描述 （业务步骤/业务规则）	前置条件
BS-BP-BD- JCZC-0117- 0001	省级电力交易中心向北京电力交易中心上传数据	BI-BD-JCZC- 0017	BI-BD-JCZC- 0017	根据北京电力交易中心管理和业务需求，省级电力交易中心通过数据通道向北京电力交易中心传送基础类数据、交易类数据、计划类数据、合同类数据、结算类数据、信息发布类数据、市场信息统计类数据、电力电量平衡类数据、服务窗口管理类数据、市场运营分析类数据、全景展示类数据、交易合规类数据、火电机组环保监测类数据、市场关键指标几大类业务结果类底层数据。要求满足： 1．数据传输。动态配置传输源、目的等参数，支持批量通过以流方式发送，通过分块传输、加密传输，经数据路由进行转发、接收，且传输完成后，发现接收侧与发送侧大小不等或者不一致情况，发送端主动触发错误重发机制。心跳管理，发送方按照一定规则（周期性发送、空闲发送等等）向接收方发送固定格式的消息，接受方收到消息后回复一个固定格式的消息。 2．数据完整性校验。采用校验码等技术手段，验证数据内容一致、传输内容一致性和大小进行检验，针对质量检查发现的错误文件进行归档，提供归档机制。 3．传输任务调度。动态配置传输任务，包括任务内容、任务开始时间等参数设置，通过任务调度形式对传输进行管理，包括传输任务配置、启动、停止等，合理调度，根据传输任务的优先级，保证传输的可调度。 4．数据质量管理。包括正确性（数据是否按照要求的规则存储）、完整性（数据的值是否为空）	—

续表

业务步骤编号	业务步骤名称	输入业务信息编号	输出业务信息编号	业务步骤内容描述（业务步骤/业务规则）	前置条件
BS-BP-BD-JCZC-0117-0002	北京电力交易中心向省级电力交易中心下发数据	BI-BD-JCZC-0017	BI-BD-JCZC-0017	根据省级电力交易中心业务需求，北京电力交易中心通过数据通道向省级电力交易中心传送市场成员、省内交易、省内合同、省内计划、省内结算、信息发布类数据、电力电量平衡类数据、交易合规类数据、市场关键指标几大类业务结果类数据。要求满足： 1. 数据传输。动态配置传输源、目的等参数，支持批量通过以流方式发送，通过分块传输、加密传输，经数据路由进行转发、接收，且传输完成后，发现接收侧与发送侧大小不等或者不一致情况，发送端主动触发错误重发机制。心跳管理，发送方按照一定规则（周期性发送、空闲发送等等）向接收方发送固定格式的消息，接受方收到消息后回复一个固定格式的消息。 2. 数据完整性校验。采用校验码等技术手段，验证数据内容一致、传输内容一致性和大小进行检验，针对质量检查发现的错误文件进行归档，提供归档机制。 3. 传输任务调度。动态配置传输任务，包括任务内容、任务开始时间等参数设置，通过任务调度形式对传输进行管理，包括传输任务配置、启动、停止等，合理调度，根据传输任务的优先级，保证传输的可调度。 4. 数据质量管理。包括正确性（数据是否按照要求的规则存储）、完整性（数据的值是否为空）	—

续表

业务步骤编号	业务步骤名称	输入业务信息编号	输出业务信息编号	业务步骤内容描述（业务步骤/业务规则）	前置条件
BS-BP-BD-JCZC-0117-0003	纵向数据交互核查	—	BI-BD-JCZC-0047	建立数据交互核查与保障机制，支持对纵向交互数据传递情况进行核查	—
BS-BP-BD-JCZC-0117-0004	纵向数据交互保障	—	BI-BD-JCZC-0048	常态发现纵向交互部分数据缺失等异常情况	—
BS-BP-BD-JCZC-0117-0005	发送短信	—	BI-BD-JCZC-0049	支持省间向省内推送数据时，向省级电力交易中心相关人员发送短信提示	—
BS-BP-BD-JCZC-0117-0006	数据增量补传	—	BI-BD-JCZC-0050	提供数据增量补传功能	—

8.4.2.18　市场主体数据交互业务步骤清单

市场主体数据交互业务步骤清单包含平台发布接口、平台接入接口、统一开放平台 3 个业务步骤。步骤清单见表 8-77。

表 8-77　　　　　　　　　市场主体数据交互业务步骤清单

业务步骤编号	业务步骤名称	输入业务信息编号	输出业务信息编号	业务步骤内容描述（业务步骤/业务规则）	前置条件
BS-BP-BD-JCZC-0118-0001	平台发布接口	BI-BD-JCZC-0017	BI-BD-JCZC-0017	编制对外发布的数据项内容以及时间频度。定义电力交易平台对外发布接口数据内容和属性，描述数据方向和数据项。按照配置的时间频度进行数据发布和交互，通信通道应加密，发布信息严格按照发布规范进行	—
BS-BP-BD-JCZC-0118-0002	平台接入接口	BI-BD-JCZC-0017	BI-BD-JCZC-0017	定义电力交易平台对外接入的接口数据内容、属性和时间频次，管理接入市场主体数据接口的数据内容和属性，按照需要接入系统的类型和技术架构，对外提供接入服务，接入应严格按照相关安全防护要求开展	—

续表

业务步骤编号	业务步骤名称	输入业务信息编号	输出业务信息编号	业务步骤内容描述（业务步骤/业务规则）	前置条件
BS-BP-BD-JCZC-0118-0003	统一开放平台	—	BI-BD-JCZC-0039	为保障电力交易平台对市场主体系统提供的接口安全性和标准规范，建立统一开放平台。统一开放平台用于对市场主体第三方系统提供统一开放的接口访问资源管理、数据传输安全协议、应用申请流程管理和访问令牌管理。 除了保障电力交易平台对外接口的安全和规范性，还要实现业务代码解耦合、零入侵，当前电力交易平台对外部提供的访问接口需要在业务代码中对外部请求的身份校验、传输参数解密、返回参数加密，业务代码严重依赖耦合，对电力交易平台的已有中台接口无法直接复用。对开放平台要求在微服务网关层实现对第三方外部系统的身份令牌校验、传输参数解密和返回参数密码等操作，使用封装国密算法对参数、令牌进行加解密。 市场主体系统需要接入新一代电力交易平台，用户需要提供个人信息以及手机号，由管理员创建一个账号给其使用，线下通过 EXCEL 提交所需 API 资源列表，管理员将会将这些 API 资源生成一个授权范围，用户登录账号，进入个人应用菜单，进行信息的填报，填报成功后进行提交审核操作，审核通过后，可获取统一开放平台密钥等信息	—

8.4.2.19 灰度发布业务步骤清单

灰度发布业务步骤清单包含灰度规则、灰度环境、灰度用户 3 个业务步骤。步骤清单见表 8-78。

表 8-78				灰度发布业务步骤清单	
业务步骤 编号	业务步骤 名称	输入业务 信息编号	输出业务 信息编号	业务步骤内容描述 （业务步骤/业务规则）	前置条件
BS-BP-BD- JCZC-0119- 0001	灰度规则	—	—	灰度规则是灰度流量分发的策略，如按照用户、请求 IP、流量百分比等规则。根据新平台业务特点默认按照用户规则分发。填写规则名称、规则模板编号、类型、键、优先级等数据进行前、后端灰度规则配置	—
BS-BP-BD- JCZC-0119- 0002	灰度环境	BS-BP-BD- JSZC-0005- 0001	—	灰度环境需要关联灰度规则，关联灰度规则用于确定该灰度环境的路由规则。灰度环境还需要关联灰度微服务，用于确定哪些微服务作为灰度微服务。填写环境名称、优先级信息进行灰度环境配置，然后需要灰度环境绑定灰度规则	灰度规则
BS-BP-BD- JCZC-0119- 0003	灰度用户	BS-BP-BD- JSZC-0005- 0002	—	灰度用户是指从用户群体中选择出的一小部分具有代表性的用户，进行部分功能的试用。灰度用户请求的流量会路由转发到灰度环境应用中	灰度环境

8.4.2.20　需求管理工具业务步骤清单

需求管理工具业务步骤清单包含需求提报和需求处理两个业务步骤。步骤清单见表 8-79。

表 8-79				需求管理工具业务步骤清单	
业务步骤 编号	业务步骤 名称	输入业务 信息编号	输出业务 信息编号	业务步骤内容描述 （业务步骤/业务规则）	前置条件
BS-BP-BD- JCZC-0120- 0001	需求提报	—	—	需求提报以及管理功能，支持业务人员对在系统使用过程遇到的问题、改进需求，进行录入，包括需求名称、需求描述、需求等级、预期解决时间	—

续表

业务步骤 编号	业务步骤 名称	输入业务 信息编号	输出业务 信息编号	业务步骤内容描述 （业务步骤/业务规则）	前置条件
BS-BP-BD- JCZC-0120- 0002	需求处理	—	—	需求处理人员可汇总并对用户录入的需求进行处理，实时修改各项需求的处理状态。业务人员可对自己提出的各项需求进行处理状态的跟踪。实现系统需求的线上提报与全过程的闭环管理	新增需求提报

8.4.2.21 平台身份认证服务业务步骤清单

平台身份认证服务业务步骤清单包含平台身份凭证申请、平台身份凭证管理、平台身份认证 3 个业务步骤。步骤清单见表 8-80。

表 8-80　　　　　　　　　　区块链身份认证服务业务步骤清单

业务步骤 编号	业务步骤 名称	输入业务 信息编号	输出业务 信息编号	业务步骤内容描述 （业务步骤/业务规则）	前置条件
BS-BP-BD- JCZC-0121- 0001	平台身份 凭证申请	—	—	平台身份凭证申请用于为业务应用提供市场主体身份核验	—
BS-BP-BD- JCZC-0121- 0002	平台身份 凭证管理	—	—	平台身份凭证管理为市场主体提供平台身份凭证全生命周期管理，包含平台身份凭证更新、注销功能	平台身份凭证申请
BS-BP-BD- JCZC-0121- 0003	平台身份 认证	—	—	平台身份认证依托平台公私钥签名验签机制，采用密钥分割技术保护市场主体私钥，主要功能有登录、签名、签名验证等	平台身份凭证申请

8.4.2.22 区块链绿电溯源服务业务步骤清单

区块链绿电溯源服务业务步骤清单包含绿色电力交易数据存证和绿色电力交易数据溯源两个业务步骤。步骤清单见表 8-81。

表 8-81　　　　　　　　　　区块链绿电溯源服务业务步骤清单

业务步骤编号	业务步骤名称	输入业务信息编号	输出业务信息编号	业务步骤内容描述（业务步骤/业务规则）	前置条件
BS-BP-BD-JCZC-0122-0001	绿色电力交易数据存证	—	—	绿色电力交易数据存证是采用电子签名技术，将市场主体身份、合同、结算等数据规则化、资产化后进行关联存证，生成电力市场主体链上关联数据，确保上链数据身份真实、溯源可信	—
BS-BP-BD-JCZC-0122-0002	绿色电力交易数据溯源	—	—	绿色电力交易数据溯源是对合同、结算等数据提供丰富的溯源功能，并为绿色电力消费凭证提供便捷扫码溯源服务，面向市场主体展示绿色电力消费全流程链上信息	绿色电力交易数据存证

8.5　业　务　信　息

业务信息清单见表 8-82。

表 8-82　　　　　　　　　　业　务　信　息　清　单

业务信息编号	业务信息类型	业务信息名称	用途	使用单位	制作单位	使用频率
BI-BD-JCZC-0001	报表	电子印章管理	电子印章管理信息	交易中心	交易中心	按需
BI-BD-JCZC-0002	报表	签章流程编制	签章流程编制信息	交易中心	交易中心	按需
BI-BD-JCZC-0003	单据	电网简化模型	提供发电厂、带约束负荷、电源送端、负荷受端等多种电网模型常见图元以及个性化图元的新增、修改，通过鼠标拖拽图元的方式定义电网模型节点，以及各节点之间的联络线，并能对节点、联络线的各项属性进行直接编辑和数据关联，实现电网简化模型的快速建模，提升电力交易效率	交易中心	交易中心	按需

续表

业务信息编号	业务信息类型	业务信息名称	用途	使用单位	制作单位	使用频率
BI-BD-JCZC-0004	单据	人机界面	针对交易业务特点提供更强的组态化、用户化能力，使用户能根据业务需求自主调整画面元素及关联的数据，满足日益增长及多变的业务展示与交互需求	交易中心	交易中心	按需
BI-BD-JCZC-0005	单据	校验规则信息	用于存储各个类型的数据校验规则信息	交易中心	交易中心	按需
BI-BD-JCZC-0006	单据	校验结果信息	用于存储各类型数据校验规则的结果信息	交易中心	交易中心	按需
BI-BD-JCZC-0007	单据	应用级日志信息	用于存储应用级日志信息	交易中心	交易中心	按需
BI-BD-JCZC-0008	单据	用户 IP 信息	用于存储用户常用 IP 信息	交易中心	交易中心	按需
BI-BD-JCZC-0009	单据	公式配置	进行预制函数、基本公式的配置	交易部、结算部	交易中心	按需
BI-BD-JCZC-0010	单据	案例信息	案例数据信息的记录与分析结果	交易部	交易部	按需
BI-BD-JCZC-0011	单据	物理模型管理	物理模型管理信息	交易中心	交易中心	按需
BI-BD-JCZC-0012	单据	有序用电信息	记录有序用电信息	交易中心	交易中心	业务触发
BI-BD-JCZC-0013	单据	EMS 负荷总加	记录 EMS 负荷总加信息	交易中心	交易中心	业务触发
BI-BD-JCZC-0014	单据	发电结算电费明细	记录发电结算电费明细信息	交易中心	交易中心	业务触发
BI-BD-JCZC-0015	单据	用电量信息	记录用电量信息	交易中心	交易中心	业务触发
BI-BD-JCZC-0016	单据	合同流转	记录合同流转信息	交易中心	交易中心	业务触发
BI-BD-JCZC-0017	单据	映射管理	记录映射管理信息	交易中心	交易中心	业务触发
BI-BD-JCZC-0018	单据	并行计算配置	配置计算任务的属性	交易中心	交易中心	按需

续表

业务信息编号	业务信息类型	业务信息名称	用途	使用单位	制作单位	使用频率
BI-BD-JCZC-0019	单据	告警数据	告警参数信息	交易中心	交易中心	按需
BI-BD-JCZC-0020	单据	限流控制属性	限流控制需要用到的基础数据	交易中心	交易中心	按需
BI-BD-JCZC-0021	单据	服务降级属性	服务降级需要用到的基础数据	交易中心	交易中心	按需
BI-BD-JCZC-0022	单据	超限控制属性	超限控制需要用到的基础数据	交易中心	交易中心	按需
BI-BD-JCZC-0023	单据	通知服务模板信息	记录通知服务的模板信息	交易中心	交易中心	按需
BI-BD-JCZC-0024	单据	模型版本管理	模型版本信息	交易中心	交易中心	按需
BI-BD-JCZC-0025	单据	元模型目录	用于存放元数据及元模型的目录信息	交易中心	交易中心	按需
BI-BD-JCZC-0026	单据	元模型	元数据模型信息	交易中心	交易中心	按需
BI-BD-JCZC-0027	单据	元模型属性	元数据模型属性信息	交易中心	交易中心	按需
BI-BD-JCZC-0028	单据	元模型组合关系	进行元模型关系分析用到的基础数据	交易中心	交易中心	按需
BI-BD-JCZC-0029	单据	元模型继承关系	进行元模型关系分析用到的基础数据	交易中心	交易中心	按需
BI-BD-JCZC-0030	单据	元模型依赖关系	进行元模型关系分析用到的基础数据	交易中心	交易中心	按需
BI-BD-JCZC-0031	单据	元数据	元数据信息	交易中心	交易中心	按需
BI-BD-JCZC-0032	单据	元数据属性	元数据属性信息	交易中心	交易中心	按需
BI-BD-JCZC-0033	单据	元数据关联关系	进行元数据关系分析的结果信息	交易中心	交易中心	按需
BI-BD-JCZC-0034	单据	数据处理模型	数据处理涉及的抽取、清洗、转换等环节的模型设置	交易中心	交易中心	按需

9 共享融合需求分析

共享融合需求一见表 9-1。

表 9-1　　　　　　　　　　　　共享融合需求一

需求部门	交易中心	配合部门	—
需求系统	电力交易平台	配合系统	统一权限平台
涉及流程	—		
需求说明	用户登录及权限配置需要调用统一权限平台进行用户认证，从统一权限平台获取用户信息、用户权限等信息		
流程说明	用户在交易平台登录后，交易平台将调用统一权限平台的接口，验证用户名、密码是否为认证用户		
逻辑说明	—		

共享融合需求二见表 9-2。

表 9-2　　　　　　　　　　　　共享融合需求二

需求部门	交易中心	配合部门	—
需求系统	电力交易平台	配合系统	统一数据交换平台数据传输组件
涉及流程	—		
需求说明	为了保证北京电力交易中心与省级电力交易中心的两级平台数据融合，需要通过统一数据交换平台进行数据交互，其中涉及的业务数据包括交易类型信息、序列信息、申报信息、结果信息		
流程说明	跨区跨省业务信息，需要将北京电力交易中心组织的业务信息，发送给省级电力交易中心		
逻辑说明	—		

参 考 文 献

［1］史连军. 能源转型下的电力市场发展思考［J］. 中国电力企业管理, 2023,（10）: 22-26.

［2］史连军. 电力市场建设需以系统思维统筹推进［J］. 中国电力企业管理, 2022（10）: 50-54.

［3］谢开, 彭鹏, 荆朝霞, 等. 欧洲统一电力市场设计与实践［M］. 北京: 中国电力出版社, 2022.

［4］史连军, 邵平, 张显, 等. 新一代电力市场交易平台架构探讨［J］. 电力系统自动化, 2017, 41（24）: 67-76.

［5］谢开, 张显, 张圣楠, 等. 区块链技术在电力交易中的应用与展望［J］. 电力系统自动化, 2020, 44（19）: 19-28.

［6］张显, 郑亚先, 耿建, 等. 支持全业务运作的电力用户与发电企业直接交易平台设计［J］. 电力系统自动化, 2016, 40（3）: 122-128.

［7］杨争林, 宋燕敏, 曹荣章, 等. 面向发电集团的电力市场管理系统［J］. 电力系统自动化, 2006, 30（19）: 84-88.

［8］国家发展改革委. 关于全面放开经营性电力用户发用电计划的通知（发改运行〔2019〕1105 号）［Z］. 2015.

［9］国家电网有限公司. 全国统一电力市场深化设计方案［Z］. 2018-7-17.

［10］国家发展改革委. 电力中长期交易基本规则［R］. 2016.

［11］郑勇锋, 潘松柏, 孙丽莉, 等. 一体化国网云平台的高可用方案研究［J］. 电力信息与通信技术, 2019, 17（7）: 46-51.

［12］承林, 王海宁, 高春成. 微服务在电力交易系统中的应用研究［J］. 电网技术, 2018, 42（2）: 441-446.

［13］朱碧钦, 吴飞, 罗富财. 基于大数据的全业务统一数据中心数据分析域建设研究［J］. 电力信息与通信技术, 2017, 015（2）: 91-96.

［14］李炳森, 胡全贵, 陈小峰, 等. 电网企业数据中台的研究与设计［J］. 电力信息与通信技术, 2019, 17（7）: 29-34.

［15］李信鹏, 刘威, 杨智萍, 等. 电网企业数据中台方案研究［J］. 电力信息与通信技术, 2020, 18（2）: 1-8.

［16］赵俊华, 文福拴, 薛禹胜, 等. 云计算: 构建未来电力系统的核心计算平台［J］. 电力系统自动化, 2010, 34（15）: 1-8.

［17］王蓓蓓, 李雅超, 赵盛楠, 等. 基于区块链的分布式能源交易关键技术［J］. 电力系统自动化, 2019,

43（14）：53-64.

[18] 彭小圣，邓迪元，程时杰，等. 面向智能电网应用的电力大数据关键技术 [J]. 中国电机工程学报，
2015，35（3）：503-511.

[19] 杨挺，赵黎媛，王成山. 人工智能在电力系统及综合能源系统中的应用综述 [J]. 电力系统自动化，
2019，43（1）：2-14.

[20] 夏清，陈启鑫，谢开，等. 中国特色、全国统一的电力市场关键问题研究（2）：我国跨区跨省电力
交易市场的发展途径、交易品种与政策建议 [J]. 电网技术，2020，44（8）：2801-2808.

[21] 孙丕石，曹占峰，王亚玲，等. 国家电网公司数据交换平台研发与应用 [J]. 电网技术，2008（22）：
66-71.

[22] 程海花，杨争林，曹荣章. 电力市场交易中规则库和算法库的开发 [J]. 电力系统自动化，2010，
34（3）：49-52.

[23] 龙苏岩，徐亮，徐骏，等. 基于元数据组扩展技术的电能结算方法研究与应用 [J]. 电网技术，2016，
40（11）：59-64.

[24] 丁怡，昌力，涂孟夫. 电力现货市场技术支持系统关键技术探讨 [J]. 电力系统自动化，2018，42
（23）：1-8.

[25] 钟华. 阿里巴巴中台战略思想与架构实战 [M]. 北京：机械工业出版社，2017.

[26] 黄龙达，杨争林，庄卫金，等. 电力"中长期＋现货"市场全业务支撑平台关键技术研究 [J]. 电
网技术，44（11）：8.

[27] 杨争林，宋燕敏，沈利华. 基于 J2EE 的电力市场技术支持系统研究 [J]. 电力系统自动化，2004，
28（8）：5.

[28] 周海明，王海宁，史述红，等. 电力市场仿真系统的开发及应用 [J]. 电网技术，2010（01）：117-121.

[29] 倪超. 从 Paxos 到 Zookeeper：分布式一致性原理与实践 [M]. 北京：电子工业出版社，2015.

[30] 张显，史连军. 中国电力市场未来研究方向及关键技术 [J]. 电力系统自动化，2020，44（16）：
1-11.

[31] 史连军，庞博，刘敦楠，等. 新电改下北京电力交易中心电力市场综合指数的交易分析 [J]. 电力
系统自动化，2019，43（6）：163-170.

[32] 张显，谢开，张圣楠，等. 基于区块链的可再生能源超额消纳量交易体系 [J]. 中国电力，2020，
53（9）：60-70.

[33] 丁一，谢开，庞博，等. 中国特色、全国统一的电力市场关键问题研究（1）：国外市场启示、比对
与建议 [J]. 电网技术，2020，44（7）：2401-2410. DOI:10.13335/j.1000-3673.pst.2020.0422.

[34] 曾丹，谢开，庞博，等. 中国特色、全国统一的电力市场关键问题研究（3）：省间省内电力市场协

调运行的交易出清模型［J］. 电网技术，2020，44（8）：2809-2819. DOI:10.13335/j.1000-3673.pst. 2020.0435.

［35］高春成，嵇士杰，刘永辉，等. 电力现货市场运营机制及综合评价方法研究［J］. 数学的实践与认识，2022，52（10）：64-74.

［36］刘永辉，张显，孙鸿雁，等. 能源互联网背景下电力市场大数据应用探讨［J］. 电力系统自动化，2021，45（11）：1-10.

［37］刘永辉，张显，谢开，等. 能源互联网背景下的新一代电力交易平台设计探讨［J］. 电力系统自动化，2021，45（7）：104-115.

［38］张圣楠，刘永辉，胡婉莉，等. 电力交易平台业务中台设计研究［J］. 电网技术，2021，45（4）：1364-1370. DOI:10.13335/j.1000-3673.pst.2020.1877.

［39］张显，冯景丽，常新，等. 基于区块链技术的绿色电力交易系统设计及应用［J］. 电力系统自动化，2022，46（9）：1-10.

［40］张圣楠，张显，薛文昊，等. 基于区块链的可再生能源消纳凭证交易系统性能优化［J］. 电力需求侧管理，2021，23（2）：10-15.

［41］王栋，张显，李达，等. 基于分布式异常检测的电网区块链安全防护方案［J］. 计算机应用，2023，43（S1）：139-146.

［42］宋莉，刘敦楠，庞博，等. 需求侧资源参与电力市场机制及典型案例实践综述［J］. 全球能源互联网，2021，4（4）：401-410. DOI:10.19705/j.cnki.issn2096-5125.2021.04.009.

［43］刘敦楠，庞博，宋莉，等. 能源互联网环境下零售主体价值发现与实现策略［J］. 全球能源互联网，2020，3（6）：618-625. DOI:10.19705/j.cnki.issn2096-5125.2020.06.009.

［44］夏清，陈启鑫，谢开，等. 中国特色、全国统一的电力市场关键问题研究（2）：我国跨区跨省电力交易市场的发展途径交易品种与政策建议［J］. 电网技术，2020，44（8）：2801-2808. DOI: 10.13335/j.1000-3673.pst.2020.0392.